새로운 K가 온다

새로운
가
온다
K

최용석 · 황성진 지음

푸른나무

---✳ 세계가 사랑한 K-컬처,
　　　우리가 놓친 데이터와 주권의 질문

　2025년 9월, 하나의 기록이 깨졌다. 넷플릭스가 6월에 공개한 〈케이팝 데몬 헌터스(K-pop Demon Hunters)〉가 2억 6,600만 뷰를 돌파하며 〈오징어 게임〉을 제치고 플랫폼 역사상 가장 많이 시청된 콘텐츠가 되었다. K-팝 걸그룹이 한국 전통 신화 속 데몬 헌터로 변신한다는 파격적 설정, 더블랙레이블이 참여한 중독성 있는 음악, 41개국에서 동시 1위를 차지한 압도적 성과. 전 세계가 또 한 번 K-컬처에 열광했다.

　그런데 이 찬란한 성공 뒤에 불편한 진실이 숨어 있다. 감독은 한국계 캐나다인이다. 제작은 소니 픽처스 애니메이션이, 배급과 수익은 넷플릭스가 독점했다. 우리가 제공한 것은 문화적 영감과 일부 음악뿐, 2억 6,600만 명이 넘는 시청자 데이터, 글로벌 지식재산권, 천문학적 수익, 이 모든 것은 해외 기업의 몫이 되었다. K-컬처의 원천은 한국이지만, 그것을 상품화하고 수익화하는 주체는 해외 자본이라는 역설. 이것이 지금 우리가 직면한 현실이다.

물론 K-컬처의 성공은 눈부시다. BTS가 빌보드 차트를 점령하고, 〈기생충〉이 오스카를 휩쓸었으며, 〈오징어 게임〉은 전 세계를 충격에 빠뜨렸다. K-뷰티는 글로벌 화장품 시장의 새로운 기준이 되었고, K-푸드는 김치와 불고기를 넘어 떡볶이와 치킨으로 세계인의 식탁을 점령했다. 파리 샹젤리제에서 K-팝 플래시몹이 열리고, 뉴욕 타임스퀘어에는 한국 아이돌의 생일 축하 광고가 걸린다. 우리는 역사상 가장 찬란한 K-컬처의 황금기를 살고 있다.

하지만 성공의 이면을 들여다보면 구조적 모순이 선명하게 드러난다. 우리가 만든 콘텐츠로 발생하는 수익 대부분이 유튜브, 스포티파이, 넷플릭스 같은 해외 플랫폼으로 흘러간다. 더 심각한 것은 데이터 주권의 완전한 상실이다. K-팝 팬덤의 소비 패턴, K-드라마 시청자의 취향, K-뷰티 구매자의 선호도, 이 모든 빅데이터가 해외 기업의 자산으로 축적되고 있다.

우리가 창작한 콘텐츠로 생성된 데이터를 되레 우리가 비싼 값에 사야 하는 기막힌 현실은, 마치 원유를 수출하고 정제된 석유를 수입하는 것 같은 구조다.

더욱 아이러니한 것은 이 모든 성공이 첨단 기술이 아닌 '사람의 손길'에서 비롯됐다는 점이다. 아이돌 연습생들의 10년 이상의 피땀 어린 훈련, 드라마 작가들의 밤샘 집필, 영화감독들의 장인정신, 요리사들의 손맛…. 모두 아날로그적 열정과 헌신의 산물이다. 그런데 이 아날로그적 창작물이 디지털 플랫폼을 만나 전 세계로 확산되는 과정에서, 정작 우리는 디지털 생태계의 주도권을 완전히 상실했다.

〈케이팝 데몬 헌터스〉가 증명하듯, 우리 문화가 해외 자본과 기술을 만나면 폭발적 시너지를 낸다. 하지만 그 시너지의 최대 수혜자는 우리가 아니다. 한국은 원재료 공급자에 머물고, 부가가치 대부분은 해외로 유출된다. 성공할수록 종속이 심화되고, 흥행할수록 주권을 잃어가는 '성공의 역설'에 갇혀 있는 것이다.

지금 우리에게 필요한 것은 자축이 아니라 냉정한 성찰이다. 현재의 영광에 안주한다면 K-컬처는 일시적 붐으로 끝날 수 있다. 1960년대 영국의 브리티시 인베이전, 1980년대 일본의 버블 문화가 그랬듯이.

✳ 성공의 함정: 수익과 영향력이 밖으로 새는 이유

K-컬처가 구조적 취약성에 갇힌 원인은 명확하다.

첫째, 글로벌 플랫폼의 부재다. 음악은 스포티파이와 애플뮤직에, 영상은 넷플릭스와 디즈니플러스에, 숏폼은 유튜브와 틱톡에 전적으로 의존한다. 플랫폼이 곧 권력인 디지털 시대에 우리는 콘텐츠 공급자에 불과하다.

둘째, 파편화된 정책 구조다. 문화콘텐츠는 문화체육관광부, 디지털 콘텐츠는 과학기술정보통신부, 산업 육성은 산업통상자원부, 스타트업은 중소벤처기업부가 따로 관장한다. 11개 부처가 제각각 움직이니 시너지는커녕 중복과 공백만 발생한다.

셋째, 터무니없이 작은 지원 규모다. 글로벌 콘텐츠 한 편 제작비가 1,000억 원 이상인데, 우리 정부의 콘텐츠 제작 지원은 프로젝트당 수억 원에서 수십억 원에 그친다. 코끼리와 싸우는 데 새총을 든 격이다.

넷째, 기술 인프라의 해외 종속이다. 영상 편집은 어도비, 3D 애니메이션은 마야, 음악 제작은 프로툴스 등, 창작의 도구마저 전부 수입품이다.

다섯째, 부실한 저작권 인식이다. 많은 창작자가 지식재산권의 중요성을 모른 채 불리한 계약을 맺는다. 초등학교부터 저작권 교육을 받는 선진국과 달리, 우리는 이미 기회를 놓친 뒤에야 그 중요성을 깨닫는다.

여섯째, 현장과 정책의 심각한 괴리다. 정책 입안자 대부분이 2~3년마다 자리를 옮기는 행정가일 뿐, 문화산업 현장을 모른다. 전문성은 축적되지 않고, 현장의 목소리는 정책에 반영되지 않는다.

이 모든 문제의 근원에는 20세기형 행정 체계와 21세기 산업 현실의 충돌이 있다. 부처 칸막이, 단년도 예산, 실적 위주 평가 등 낡은 틀로는 역동적인 K-컬처의 미래를 담아낼 수 없다.

✳ 이 책을 읽는 법: 한눈에 잡는 로드맵

이 책은 K-컬처의 구조적 병목을 진단하고, 이를 극복할 실행 가능한 해법을 제시한다. 백서도, 보고서도 아니다. 현장과 정책을 모두 경험한 실무자가 쓴 실전 매뉴얼이다.

1장은 K-컬처를 구성하는 11개 분야의 현황과 문제점을 해부한다. 각 분야가 안고 있는 구조적 한계와 함께 미래 기회를 구체적으로 제시한다.

2장은 미래 성장동력이 될 '7 Star 프로젝트'를 소개한다. 디지털 자산화로 데이터 주권을 확보하고, 테마파크로 오프라인 거점을 구축하며, 기술 스케일업으로 차세대를 준비하고, 국제학교로 글로벌 인재를 양성하며, 산업 클러스터로 생태계를 조성하고, 디지털 무역관으로 수출을 가속화하며, AI 크리에이터로 창작 혁신을 이룬다. 7개 프로젝트는 유기적으로 연결되어 선순환 생태계를 만든다.

3장은 실행 방안을 다룬다. 11개 진단을 7개 전략으로 전환하는 매트릭스, 24개월 파일럿 프로그램, 3단계 법·제도 개선, 1조 원 K-컬처펀드 조성, 총리실 직속 거버넌스, 실시간 성과 모니터링까지, 즉시 실행 가능한 단계별 로드맵을 제공한다.

이 책은 세 부류의 독자를 위해 쓰였다.

정책 입안자와 공무원에게는 파편화된 정책을 통합하는 프레임워크와 현장 중심의 실행 방법론을 제공한다.

K-컬처산업 종사자에게는 새로운 사업 기회와 성장 전략, 정부 지원 활용법을 제시한다.

일반 독자에게는 K-컬처의 성공 비결과 미래 방향, 우리가 준비해야 할 과제를 쉽게 설명한다.

독자의 필요에 따라 어느 장부터 읽어도 좋다. 특정 분야가 궁금하면 1장의 해당 장부터, 미래 전략이 필요하면 2장부터, 당장 실행이 급하면 3장부터 시작해도 무방하다.

K-컬처는 지금 중대한 기로에 서 있다. 〈케이팝 데몬 헌터스〉가 보여준 가능성과 한계를 동시에 직시해야 한다. K-컬처의 창의성은 세계가 인정했지만, 그것을 산업화하고 수익화하는 능력은 여전히 부족하다.

이제 우리에게 필요한 것은 플랫폼이고, 기술이며, 시스템이다. 이 책이 제시하는 7 Star 프로젝트는 K-컬처가 일시적 유행이 아닌 영구적 자산이 되고, 대한민국이 문화강국을 넘어 문화제국이 되는 길을 여는 마스터플랜이다. 성공의 역설을 성장의 전략으로 전환시키는 반전의 시나리오다.

미래는 준비하는 자의 것이다. K-컬처의 내일을 묻는 지금이야말로, 그 답을 찾을 절호의 기회다. 데이터 주권을 되찾고, 플랫폼을 구축하며, 기술을 자립하고, 인재를 양성하여, K-컬처를 대한민국의 백년대계로 만들어야 한다.

이제 시작이다.

((차례))

1장   오늘의 K-컬처:
11개 분야 구조적 진단과 기회

오늘의 K-컬처:
11개 분야
구조적 진단과 기회

1 K-컬처 정책의 구조적 문제와 해법

＊ K-컬처 성공의 역설:
흩어진 예산, 새는 수익

2025년, K-컬처가 전 세계를 휩쓸고 있다. BTS와 블랙핑크의 음악이 빌보드를 점령하고, 〈오징어 게임〉과 〈기생충〉이 글로벌 OTT와 극장가를 뒤흔들었다. 한국 콘텐츠 수출액은 132억 달러를 돌파했고, 문화콘텐츠산업 종사자는 64만 8,000명에 달한다.[1] 그러나 이 화려한 성공 뒤에는 심각한 구조적 문제가 도사리고 있다.

가장 큰 문제는 K-컬처 관련 예산과 업무가 여러 부처에 파편처럼 흩어져 있다는 점이다. 문화체육관광부가 2025년 7조 672억 원의 예산을 편성했지만, 실제로는 과학기술정보통신부가 디지털 콘텐츠 지원을, 산업통상자원부가 제조업 연계 콘텐츠 지원을, 중소벤처기업부가 스타트업 지원을 따로 진행한다.[2] 과기정통부는 K-콘텐츠 전략펀드에 350억 원을 출자하고, 산업부는 3,800억 원의 무역보험을 지원하며, 중기부는 3조 2,940억 원 규모의 스타트업 프로그램 일부를 콘텐츠 분야에 할당한다.

이렇게 분산된 예산 집행은 필연적으로 중복과 비효율을 낳는다. 게임산업만 봐도 문체부는 게임 콘텐츠로, 과기정통부는 게임 기술로, 중기부는 게임 스타트업으로 각각 접근한다. 기업은 똑같은 프로젝트를 세 곳에 다르게 포장해 지원받아야 하는 행정 낭비에 시달린다. 더 큰 문제는 이런 파편화된 지원으로는 글로벌 경쟁력을 갖춘 대형 프로젝트가 나올 수 없다는 점이다.

✳ 플랫폼 의존의 함정: 72%의 소비, 5%의 환류

K-컬처의 성공은 역설적으로 해외 플랫폼 의존을 심화시켰다. 글로벌 K-팝 소비자의 72%가 유튜브를 통해 콘텐츠를 접하고, 넷플릭스는 2024~2028년 한국 콘텐츠에 25억 달러 투자를 약속했다.[3] 하지만 이 화려한 숫자 뒤의 현실은 냉정하다. 〈오징어 게임〉이 창출한 9억 달러의 가치 중 한국에 돌아온 것은 5% 미만이다.[4] 창작자 황동혁 감독은 추가 보상 없이 초기 계약금만 받았다.

국내 음원 시장도 마찬가지다. 유튜브와 유튜브 뮤직의 합산 점유율이 43.7%로 국내 1위 플랫폼 멜론(27.5%)을 압도한다.[5] 스포티파이는 한국 시장 점유율이 1.7%에 불과하지만, 2023년 한국 아티스트에게 지급한 로열티는 1억 3,800만 달러로 2017년 대비 780% 증가했다. 이는 플랫폼 수수료 구조의 차이 때문이다. 스포티파이는 수익의 70%를 권리자에게 지급하는 반면, 유튜브는 광고 수익의 55%만 창작자에게 배분한다.

데이터 주권 상실은 더욱 심각하다. K-팝 팬덤의 소비 패턴, K-드라마 시청 데이터, 웹툰 독자 분석 정보가 모두 해외 플랫폼에 축적되면서, 우리가 만든 콘텐츠로 발생한 데이터를 역으로 구매해야하는 모순적 상황에 놓였다. 이는 단순히 경제적 손실을 넘어 미래산업의 핵심 자산인 데이터를 통째로 빼앗기는 것이다.

✳ 행정 전문가만 있고 산업 전문가는 없다

정책을 실행하는 사람들의 문제도 심각하다. 문화정책 담당 공무원 대부분이 행정 전문가일 뿐, 문화산업 전문성은 부족하다. 한국의 공무원 시스템은 연공서열 중심의 순환보직제로 운영되어, 평균 2~3년마다 자리를 옮긴다. 이런 구조에서 10년, 20년 한 분야를 깊이 있게 파고드는 정책 전문가가 나올 수 없다.

해외 문화 선진국들은 다르다. 프랑스 CNC(국립영화위원회)의 정책 담당자들은 평균 10년 이상 같은 분야에서 일한다.[6] 영국 예술위원회도 마찬가지다. 그들은 산업 현장을 깊이 이해하고, 창작자들과 오랜 신뢰 관계를 구축한다. 반면 우리는 겨우 업무를 파악할 때쯤 다른 부서로 전출된다.

더 큰 문제는 정부 주도형 경제 국가인 한국이 정작 문화산업 지원에서는 너무 단기적이고 트렌디하게 움직인다는 점이다. 미국이나 유럽의 문화 선진국들은 10년, 20년, 30년 꾸준히 한 방향으로 투자한다. 하지만 우리는 정권이 바뀔 때마다, 유행이 바뀔 때마다 정책 방향이 흔들린다. 한류가 시작된 지 20년이 넘었지만, 아직도 제대로 된 중장기 육성 전략이 없다.

✳ 마중물인가, 생색내기인가

정부 지원 규모도 문제다. 한국콘텐츠진흥원(KOCCA)의 2025년 예산 6,093억 원이 적지 않아 보이지만, 실제 현장에서는 마중물조차 되지 못한다는 평가다.[7] 웹툰 스타트업 지원은 프로젝트당 최대 1억 원, 예비 창업은 5,000만 원이다. 실제 웹툰 제작비가 회당 1,000만~2,000만 원인 점을 고려하면, 정부 지원금으로는 단편 몇 편밖에 만들 수 없다.

게임 지원도 마찬가지다. 평균 수억 원에서 수십억 원을 지원한다지만, 글로벌 AAA급 게임 개발비가 1,000억 원을 넘는 시대에 이는 새 발의 피다. K-뷰티산업도 브랜드 론칭에 최소 50억 원이 필요한데, 정부 지원은 5억 원에 그친다. 더 큰 문제는 예산 집행 주기다. 3월에 공고를 내고, 5월에 선정하고, 7월에 돈을 주고, 12월에 마무리한다. 실질적으로 5개월 만에 성과를 내라는 것이다. 이런 단기간에 제대로 된 콘텐츠가 나올 리 없다.

✳ 융복합 시대, 칸막이 행정

지금은 CPND(콘텐츠-플랫폼-네트워크-디바이스)가 모두 융합된 시대다. 넷플릭스는 콘텐츠 제작사이자 플랫폼이고, 애플은 디바이스 제조사이자 콘텐츠 유통사다. 그런데 우리 정부는 아직도 20세기식 칸막이 행정에 갇혀 있다. 문화는 문체부, 기술은 과기정통부, 무역은 산업부라는 식이다.

K-컬처 지원사업도 단편적이다. 콘텐츠 제작 지원, 해외 진출 지원, 인력 양성 지원이 모두 따로 논다. 하나의 프로젝트가 기획부터 제작, 유통, 해외 진출까지 이어지는 전 주기 지원 체계가 없다. 서울의 K-팝 기획사는 콘텐츠 제작 지원을, 대전의 게임 스타트업은 기술 개발 지원을, 부산의 영화 제작사는 마케팅 지원을 각각 다른 창구에서 받아야 한다. 기업들은 각 단계에서 다른 부처, 다른 기관에 지원서를 써야 한다. 그 과정에서 시간과 에너지를 낭비하고, 결국 타이밍을 놓친다.

✳ 국제표준 리더십: 우리가 놓친 기회

한국은 ISO, IEC, ITU 등 국제표준기구에 적극 참여하며 2만여 개의 한국표준(KS)을 국제표준과 조화시켰다. 2025년 12월에는 서울에서 국제 AI 표준 정상회의를 개최한다.[8] 그러나 정작 K-컬처 콘텐츠의 국제표준화는 뒤처져 있다.

웹툰이 대표적이다. 한국이 창조한 웹툰이 전 세계로 퍼져나갔지만, 국제표준은 우리가 주도하지 못했다. 결국 일본의 망가 형식이나 미국의 그래픽노블 형식에 끼워 맞춰 수출해야 한다. K-팝도 마찬가지다. 우리가 만든 아이돌 시스템, 연습생 제도, 음원 차트 시스템이 세계로 퍼졌지만, 국제표준은 여전히 미국과 유럽이 주도한다. K-무비 분야에서도 한국의 영화 제작 시스템과 배급 모델이 주목받지만, 국제 영화산업의 표준 프로토콜은 여전히 할리우드 중심이다.

국제표준을 주도한다는 것은 단순히 명예의 문제가 아니다. 표준을 만드는 자가 시장을 지배한다. 우리가 만든 콘텐츠 형식이 국제표준이 되면, 전 세계가 우리 방식을 따라야 한다. 그것이 곧 시장 지배력이고, 수익 창출력이다. 하지만 우리는 이 기회를 놓치고 있다.

✳ 총리실 직속 K-컬처전략위원회가 답이다

이 모든 문제를 해결할 방법은 명확하다. 11개 분야로 흩어진 K-컬처 정책을 하나로 묶을 컨트롤타워가 필요하다. 총리실 직속 K-컬처전략위원회를 설치하고, 여기에 실질적인 예산 편성권과 정책 조정권을 부여해야 한다. 부처 간 칸막이를 넘어 통합적이고 일관된 정책을 추진할 수 있는 거버넌스가 절실하다.

이 위원회에는 행정 전문가뿐만 아니라 산업 현장 전문가가 60% 이상 참여해야 한다. BTS를 키운 방시혁, 〈기생충〉을 만든 봉준호, 웹툰산업을 개척한 윤태호 같은 사람들이 정책 결정 테이블에 앉아야 한다. 그들이 현장에서 느끼는 문제점, 그들이 원하는 지원 방향이 정책에 직접 반영되어야 한다.

예산 규모도 현실화해야 한다. 지금처럼 마중물 수준이 아니라, 처음부터 끝까지 전 주기를 지원할 수 있는 규모여야 한다. 최소 1조 원 규모의 K-컬처펀드를 조성하고, 프로젝트당 100억 원 이상을 집중 지원해야 한다. 단기 성과에 연연하지 말고, 최소 5년은 기다려줄 수 있는 인내심도 필요하다.

무엇보다 중요한 것은 데이터 주권 확보다. 해외 플랫폼과의 계약에서 데이터 공유를 의무화하고, 수익 배분 구조를 개선해야 한다. 넷플릭스가 한국 콘텐츠로 벌어들인 수익의 일정 부분이 한국 창작 생태계로 환류되도록 제도화해야 한다. 이를 위해서는 정부의 강력한 협상력과 정책 의지가 필요하다.[9]

K-컬처는 이제 한국의 미래 먹거리다. 반도체와 자동차를 넘어설 차세대 성장동력이다. 그런데 우리는 아직도 20세기식 행정 체계로 21세기 산업을 관리하려 한다. 더 늦기 전에 바꿔야 한다. 흩어진 정책을 모으고, 작은 지원을 키우고, 단기 시각을 장기로 전환해야 한다. 그것이 K-컬처가 일시적 유행이 아닌 지속 가능한 산업으로 자리 잡는 유일한 길이다.

2) 문화기술: 아날로그 성공과 기술 시장의 간극

BTS와 〈오징어 게임〉, 〈기생충〉의 성공 이면에는 불편한 진실이 숨어 있다. K-컬처가 세계를 정복했다는 환호 속에서 정작 우리가 놓치고 있는 것은, 이 모든 성공이 아날로그적 창작력과 사람의 피땀에서 나왔다는 사실이다. 10년간 1조 원 이상을 투자한 문화기술 R&D는 과연 어디에 있는가.

2025년 기준 문화기술 R&D 예산은 약 1,062억 원 수준이고 2026년 예산은 1,515억 원 정도로 역대 최대 규모이다. 그러나 현장의 목소리는 냉담하다. "연구과제는 모두 성공했는데, 왜 현장에서 쓸 수 있는 기술은 없는가?"

✳ 연구실과 시장 사이, 메울 수 없는 골짜기

실패 없는 과제, 성과 없는 현실. 문화기술 R&D의 가장 큰 역설은 '실패율 제로'라는 기현상이다. 3년 단위로 진행되는 수천 개의 연구과제 중 실패로 판정받는 과제는 거의 없다. 과제 평가서에는 '목표 달성', '우수', '성공'이라는 단어만 가득하다. 하지만 이렇게 성공한 기술들이 실제 콘텐츠 제작 현장에서 활용되는 사례는 손에 꼽을 정도다.

왜 이런 일이 벌어지는가? 현재 문화기술 R&D의 성과 지표는 여전히 특허 출원 건수와 논문 발표 실적에 치우쳐 있다. 한 중견 애니메이션 제작사 CTO는 이렇게 토로한다. "우리가 필요한 건 당장 제작에 쓸 수 있는 실용적 기술인데, 연구소에서는 과제 평가를 받기 위한 특허와 국제 학회 발표용 논문만 양산하고 있다. 그 기술을 우리가 쓰려면 다시 처음부터 개발해야 한다."

✳ TRL의 함정:
단계만 9개, 연결은 제로

기술 성숙도(TRL: Technology Readiness Level)는 본래 NASA가 우주산업 기술 투자의 위험도를 관리하기 위해 만든 지표다.[10] 기초연구부터 상용화까지 9단계로 나누어 기술의 성숙도를 평가한다.

한국도 2007년부터 이 개념을 도입했지만, 문화기술 분야에서는 여전히 TRL 4~5단계(실험실 검증)에서 TRL 7~8단계(실제 환경 시연)로 넘어가는 '죽음의 계곡'을 건너지 못하고 있다.

2024년 문화기술 R&D 성과발표회에서 발표된 30여 개 기술 중, 실제 상용화까지 이어진 사례는 10% 미만이다.[11] 대부분의 기술이 개념증명(PoC) 단계에서 멈춰 서 있다.

TRL 단계별 정의

TRL 단계	분류	정의
TRL 1	기초연구	기초 이론/실험 단계로, 과학적 원리가 발견되고 정립되는 초기 단계
TRL 2	기초연구	실용적 목적의 아이디어가 구체화되고, 기술 개념과 적용 분야가 확립되는 단계
TRL 3	실험 단계	분석 및 실험을 통해 기술 개념의 실현 가능성을 입증하는 단계
TRL 4	실험 단계	연구실 환경에서 구성품이나 조립품을 만들어 성능을 입증하는 단계
TRL 5	실험 단계	유사 환경에서 핵심 부품의 성능을 검증하는 단계
TRL 6	시작품 단계	유사 환경에서 시제품(프로토타입)을 개발하고, 시작품의 성능을 검증하는 단계
TRL 7	실용화 단계	실제 운영 환경에서 시제품 데모를 시연하고, 기술의 유효성을 입증하는 단계
TRL 8	실용화 단계	상용 제품 수준의 성능과 신뢰성을 최종적으로 검증하는 단계
TRL 9	실용화 단계	상용 제품을 대량 생산하고, 실제 시장에 출시하여 상용화가 완료된 단계

첫째, 연구기관과 기업의 미스매치다. 정부출연연구소와 대학이 개발한 기술은 학술적 완성도는 높지만, 기업이 원하는 시장 적합성은 떨어진다. 한 웹툰 플랫폼 개발팀장은 "연구소에서 만든 AI 기반 캐릭터 생성 기술을 도입하려 했는데, 우리 엔진과 호환이 안 되고 커스터마이징도 불가능했다. 결국 해외 솔루션을 구매했다"고 말한다.

둘째, 예산 주기의 문제다. 정부 R&D 예산은 회계연도 단위로 운영된다. 총 2.6년(6개월, 1년, 1년)의 짧고 연차별로 분절된 기간에 시장이 원하는 완성도 높은 기술을 개발하기란 불가능에 가깝다.

✳ 규제샌드박스, 있으나 마나 한 특례

2019년부터 시행된 규제샌드박스는 신기술·신서비스가 기존 규제에 막히지 않고 시장에서 테스트할 수 있도록 한시적으로 규제를 면제·유예해주는 제도다.[12] ICT 융합, 산업 융합, 금융혁신 등 분야별로 운영되고 있으며, '규제 신속 확인', '임시 허가', '실증 특례' 3종 세트로 구성된다.

하지만 문화콘텐츠 분야의 규제샌드박스 활용은 다른 분야에 비해 현저히 저조하다. 메타버스 공연, NFT 기반 콘텐츠 거래, AI 창작물 저작권 등 첨단 문화기술 서비스들이 여전히 규제의 회색지대에 머물러 있다. 2019년 제도 시행 이후 금융 분야는 280여 건 이상 승인되었으나, 문화콘텐츠 분야는 이에 크게 못 미치는 수준이다.[13]

대전의 한 문화기술 스타트업 대표는 "VR 콘서트 플랫폼을 만들었는데, 공연법상 '공연장'의 정의가 물리적 공간으로만 되어 있어 사업을 시작조차 못 했다. 규제샌드박스를 신청했지만, 문화체육관광부가 주관 부처가 아니라는 이유로 돌아다니다 결국 포기했다"고 하소연한다.

실증 특례는 최대 2년(+2년 연장 가능) 동안 규제를 면제받아 신기술을 시험할 수 있는 제도다. 하지만 문화콘텐츠 기업들에게 2년은 너무 짧다. 콘텐츠 하나를 기획하고 제작하는 데만 1~2년이 걸리는데, 실증 기간이 끝나면 다시 원점으로 돌아가야 한다. 2024년 기준 실증 특례 승인 기업 중 57%만이 서비스를 개시했고, 이 중에서도 지속 운영 중인 곳은 절반에 못 미친다.[14]

✳ 테스트베드라는 이름의 신기루

정부는 개발된 기술을 시험하고 검증할 수 있는 '테스트베드' 구축에 수백억 원을 투자했다. 상암 디지털미디어시티, 판교 콘텐츠코리아랩, 광주 국가AI집적단지 등이 대표적이다. 하지만 이들 시설의 가동률은 30% 수준에 머물고 있다.[15]

왜 비싼 장비들이 먼지만 쌓여가는가? 첫째, 접근성 문제다. 대부분의 콘텐츠 제작사는 수도권에 집중되어 있는데, 테스트베드는 전국에 분산되어 있다. 둘째, 운영 시간의 제약이다. 공공시설이다 보니 주말과 야간에는 사용할 수 없다. 콘텐츠 제작은 24시간 돌아가는데, 테스트베드는 공무원 근무시간에만 열려 있다.

한 VFX 업체 대표는 "할리우드는 기술 개발과 테스트, 상용화가 한 곳에서 동시에 이뤄진다. 우리는 기술은 대전에서 개발하고, 테스트는 상암에서 하고, 제작은 강남에서 한다. 이동하다가 하루가 다 간다"고 지적한다.

기술 상용화의 마지막 단계는 '초기 시장 형성'이다. 미국은 정부가 신기술의 '첫 번째 구매자(First Buyer)'가 되어 초기 수요를 창출한다. NASA가 스페이스X의 첫 고객이 된 것이 대표적 사례다. 하지만 한국의 문화기술 분야에는 이런 공공조달 시스템이 전무하다. 국공립 박물관, 미술관, 공연장 등 공공 문화시설이 전국에 수천 개 있지만, 이들이 국산 문화기술을 우선 구매하도록 하는 제도적 장치가 없다.

✳ 넥스트 제너레이션 CT를 위한
   세 가지 제언

첫째, 현장 중심의 R&D 체계 전환이 필요하다. 문화기술 R&D 의 주도권을 연구기관에서 기업으로 옮겨야 한다. 현재 정부 R&D 의 70%를 출연연과 대학이 수행하고 있는데, 이를 50:50으로 조정 하고, 궁극적으로는 기업 주도형으로 전환해야 한다. 또한, 과제 평 가 기준을 특허·논문에서 '실제 활용 건수', '매출 기여도', '일자리 창 출' 등 실질적 성과 지표로 바꿔야 한다.

둘째, 규제샌드박스의 문화콘텐츠 특화가 시급하다. 문화체육관 광부 주관의 '문화콘텐츠 규제샌드박스'를 별도로 신설해야 한다. 메타버스, NFT, AI 창작 등 신기술 기반 콘텐츠는 기존 법령 체계 로는 포괄할 수 없는 새로운 영역이다. 실증 특례 기간도 콘텐츠 제 작 주기를 고려해 최소 3년(+3년 연장)으로 늘려야 한다.

셋째, K-컬처 테크 마켓플레이스 구축이 필요하다. 개발된 문화 기술과 수요 기업을 연결하는 온라인 플랫폼을 만들어야 한다. 기 술 보유 기관은 개발된 기술을 등록하고, 콘텐츠 기업은 필요한 기 술을 검색·테스트·구매할 수 있는 원스톱 시스템이다. 여기에 '기술 바우처' 제도를 도입해, 중소 콘텐츠 기업이 국산 문화기술을 도입 할 때 비용의 50~70%를 정부가 지원하는 방안도 검토해야 한다.

✳ 결론:
기술 없는 성공의 지속 가능성을 묻다

K-컬처의 성공이 역설적으로 증명한 것은, 우리에게 세계 최고의 창의력과 제작 역량이 있다는 사실이다. 하지만 이 성공이 얼마나 지속 가능한가? 넷플릭스가 한국 콘텐츠로 벌어들인 수익의 90%를 가져가고, 우리는 제작비만 받는 현실이 언제까지 계속될 것인가?

문화기술은 단순한 도구가 아니다. K-컬처의 창의성을 증폭시키고, 새로운 비즈니스 모델을 만들고, 궁극적으로는 문화 주권을 지키는 무기다. 연구실의 기술이 현장으로, 현장의 요구가 연구실로 순환하는 생태계를 만들 때, 비로소 K-컬처는 '일시적 유행'이 아닌 '지속 가능한 산업'으로 자리매김할 수 있을 것이다.

지금 우리에게 필요한 것은 더 많은 R&D 예산이 아니라, 제대로 된 R&D 시스템이다. TRL 1에서 9까지, 끊김 없이 이어지는 기술 개발의 고속도로를 건설해야 한다. 그것이 K-컬처가 다음 10년을 준비하는 유일한 길이다.

3 문화 교육(인재 양성): 사람 중심 철학과 현장 교육 격차

K-컬처의 놀라운 성공 뒤에는 한 가지 명확한 진실이 있다. 그것은 바로 '사람'이다. BTS가 빌보드 차트를 석권하고, 〈오징어 게임〉이 전 세계를 열광시킨 것은 첨단 기술이나 거대 자본 때문이 아니었다.[16] 오로지 한국인의 창의성과 열정, 그리고 장인정신이 만들어 낸 결과였다. 그런데 역설적이게도, 이토록 중요한 '사람'을 기르는 교육 시스템은 여전히 20세기에 머물러 있다.

✳ 잃어버린 근본: 내가 누구인지 모르는 아이들

K-컬처 교육의 가장 큰 문제는 "내가 누구이며, 무엇을 원하고, 무엇을 잘하는가?"라는 근본적 질문을 건너뛴다는 점이다. K-팝 고등학교나 대학의 실용음악과에 입학하는 학생들 대부분은 막연한 스타의 꿈만 안고 온다. 자신이 정말 음악을 사랑하는지, 춤에 재능

이 있는지, 아니면 단지 화려한 무대를 동경하는 것인지조차 구분하지 못한다.

문화예술은 단순한 노력만으로 되는 영역이 아니다. 특히 K-컬처처럼 사람의 감성과 창의성이 핵심인 분야에서는 더더욱 그렇다. 타고난 감각과 재능, 그리고 진정한 열정이 있어야 한다. 그런데 우리 교육은 이런 자기 탐색의 과정을 완전히 생략한 채, 곧바로 기술 습득에만 매달린다.

한국콘텐츠진흥원의 '콘텐츠 창의인재동반사업'을 보면, 만 18세에서 34세까지 청년들에게 월 150만 원을 지원하며 도제식 멘토링을 제공한다.[17] 얼핏 보면 훌륭한 프로그램이다. 하지만 정작 이 청년들이 자신의 정체성과 방향성을 찾도록 돕는 과정은 없다. 그저 현장 전문가를 따라 하면서 기술을 배우라고만 한다.

✳ 지치고 포기하는 현실: 장기 레이스를 뛰지 못하는 교육

K-컬처는 하루아침에 만들어지지 않았다. BTS는 데뷔 후 7년여가 지나서야 빌보드 1위에 올랐고,[18] 봉준호 감독은 30년 가까이 영화를 만들어 왔다.[19] 성공한 K-컬처 아티스트들의 공통점은 10년 이상 한 분야에 몰두했다는 것이다. 그런데 우리 교육 시스템은 이런 장기적 관점이 완전히 결여되어 있다.

문화체육관광부의 지원사업들을 보면 대부분 1년 단위다.[20] 이런 단기 성과주의로는 절대 진정한 K-컬처 인재를 기를 수 없다.

더 큰 문제는 학생들이 지치고 포기한다는 점이다. K-팝 연습생의 경우, 하루 10시간 이상 연습하느라 정규 교육과정을 제대로 이수하지 못해 학교를 그만두는 경우가 부지기수다. 데뷔도 못 하고 학력도 없는 '교육 난민'이 되는 것이다. 이들에게 필요한 것은 무작정 연습량을 늘리는 것이 아니라, 재미있게 오래 지속할 수 있는 교육 방법론이다.

─────＊ 현장과 교육의 괴리: 써먹을 수 없는 커리큘럼

한국문화예술교육진흥원이 운영하는 각종 교육 프로그램을 들여다보면 한숨이 나온다.[21] 여전히 이론 중심, 강의실 중심이다. 현장에서는 유튜브와 틱톡을 중심으로 1인 미디어 시대가 열렸는데, 교육은 아직도 전통적인 공연과 전시에만 매달려 있다.

실제 산업 현장에서 필요한 것은 프로젝트 기반의 실전 교육이다. 실제 콘텐츠를 기획하고, 제작하고, 유통하는 전 과정을 경험해야 한다. 그런데 대부분의 교육기관은 이런 실습 환경조차 제대로 갖추지 못했다. 서울의 K-팝 고등학교나 대학의 실용음악과조차 녹음 스튜디오나 공연장 하나 변변히 갖추지 못한 곳이 태반이다.

더 심각한 것은 교육자의 문제다. 문화예술 분야는 창작과 교육이 완전히 다른 영역인데, 대부분 창작자를 그대로 교육 현장에 투입한다. 훌륭한 가수가 훌륭한 보컬 트레이너가 되는 것은 아니다. 교육에는 교육만의 전문성이 필요하다. 그런데 우리는 이런 교육 전문가를 양성하는 시스템조차 없다.

특히 스토리텔링과 기획 교육이 절실하다. K-컬처의 핵심은 결국 '이야기'다. BTS가 전하는 메시지, 〈오징어 게임〉이 담은 사회 비판, 〈기생충〉이 보여준 계층 갈등, 이것이 전 세계인의 마음을 움직인 원동력이다. 그런데 우리 교육은 여전히 기술적 완성도에만 집착한다. 노래를 잘 부르고, 춤을 잘 추는 것만 가르칠 뿐, 무엇을 노래하고 왜 춤추는지는 가르치지 않는다.

✳ 좁은 시야:
아티스트만 기르는 교육

K-컬처산업은 아티스트만으로 돌아가지 않는다. 기획자, 매니저, 마케터, 엔지니어, 디자이너, 작가 등 수많은 전문 인력이 필요하다. 그런데 우리 교육은 오직 무대에 서는 아티스트 양성에만 올인한다.

대학의 K-팝 전공을 보면 보컬, 댄스, 작곡 정도가 전부다. 공연 기획, 아티스트 매니지먼트, 음악 비즈니스, 엔터테인먼트 법률, 팬덤 마케팅 같은 산업 전반을 아우르는 교육은 찾아보기 힘들다. 이러다 보니 졸업생들은 가수가 되지 못하면 할 수 있는 일이 없다.

더 안타까운 것은 실패에 대한 대안이 없다는 점이다. 아이돌 데뷔는 극소수만 가능한 일이다. 대부분은 실패한다. 그런데 이들이 쌓은 경험과 역량을 다른 분야로 전환할 수 있는 교육이 전무하다. 10년 가까이 연습생 생활을 했는데 할 수 있는 일이 없다면, 그것은 교육의 실패다.

✳ 파편화된 지원:
대학별 중복과 낭비

전국 각 대학이 앞다투어 K-팝 관련 학과를 신설하고 있다. 문제는 이들이 서로 차별화 없이 비슷한 커리큘럼을 반복한다는 점이다. A 대학도 보컬과 댄스, B 대학도 보컬과 댄스, C 대학도 똑같은 것을 가르친다.

정부 지원도 마찬가지다. 문화체육관광부, 한국콘텐츠진흥원, 한국문화예술교육진흥원, 각 지자체가 제각각 비슷한 프로그램을 운영한다. 서로 조율도 없고 연계도 없다. 똑같은 내용을 여러 기관에서 중복 지원하느라 예산만 낭비된다.

각 대학과 지역이 특화 분야를 정해 집중 육성해야 한다. 예를 들어 서울은 K-팝과 OTT 콘텐츠 기획, 부산은 영화와 영상 제작, 대전은 게임과 문화기술, 전주는 전통문화 융합 콘텐츠, 광주는 미디어아트와 디자인, 춘천은 애니메이션과 자연 콘텐츠 같은 식으로 역할을 분담해야 한다. 그래야 시너지가 생기고 전문성이 축적된다.

✳ 기술 체계화의 부재:
도제식 교육의 한계

K-컬처는 여전히 도제식 교육에 의존한다. 선배가 후배에게, 스승이 제자에게 일대일로 전수하는 방식이다. 이것이 갖는 장점도

분명 있다. 암묵지를 전달하기에는 가장 효과적이기 때문이다.

하지만 이런 방식으로는 규모의 확장이 불가능하다. 한 명의 명인이 기를 수 있는 제자는 극소수다. 게다가 그 명인이 은퇴하거나 세상을 떠나면, 축적된 노하우도 함께 사라진다.

K-컬처 교육 기술을 체계화하고 디지털화해야 한다. 각 분야의 전문가들이 보유한 노하우를 문서화하고, 영상화하고, 데이터베이스화해야 한다. 그래야 더 많은 사람이 접근할 수 있고, 지속 가능한 교육 시스템을 구축할 수 있다. 예를 들어 SM엔터테인먼트의 보컬 트레이닝 방법론, JYP의 퍼포먼스 훈련 시스템, 하이브의 아티스트 개발 프로세스 같은 것들을 체계적으로 정리하고 교육 콘텐츠로 만들어야 한다.

✳ AI 시대의 도전: 준비되지 않은 미래

인공지능과 메타버스 시대가 도래했다. 버추얼 아이돌이 등장하고, AI가 작곡을 하고, 딥페이크로 공연을 한다. K-컬처도 이런 변화의 한복판에 있다. 그런데 우리 교육은 이런 미래에 대한 준비가 전혀 되어 있지 않다.

학생들에게 AI 도구 활용법을 가르쳐야 한다. 단순히 기술을 배우는 것이 아니라, AI와 협업하는 방법, AI 시대의 창의성, AI 윤리 같은 것들을 교육해야 한다. 미래의 K-컬처 창작자는 AI를 적극 활용하되, 인간만의 감성과 창의성으로 차별화할 수 있어야 한다.

웹 3.0 시대의 새로운 비즈니스 모델도 이해해야 한다. NFT, 메타버스 공연, 팬 토큰, 탈중앙화 플랫폼 같은 개념들이 K-컬처산업을 근본적으로 바꾸고 있다. 그런데 대부분의 교육기관은 이런 변화를 따라가지 못하고 있다.

특히 저작권 교육이 시급하다. 디지털 시대에는 창작물이 순식간에 복제되고 변형된다. K-컬처 창작자들이 자신의 권리를 지키려면 어릴 때부터 지식재산권에 대한 교육을 받아야 한다. 그런데 현재는 대학에서조차 제대로 된 저작권 교육이 이루어지지 않는다.

✳ 정부 지원의 모순: 교육생인가, 기관인가

정부의 문화예술 교육 지원사업을 보면 묘한 모순이 있다. 겉으로는 교육생을 위한다고 하면서, 실제로는 교육기관을 지원하는 구조다. 예산은 기관에 가고, 기관은 그 돈으로 프로그램을 운영한다. 정작 교육생에게 직접적으로 가는 혜택은 미미하다.

예를 들어 한 교육 프로그램에 1억 원이 지원된다고 하자. 그중 절반 이상은 기관 운영비로 쓰인다. 강사료, 임대료, 행정 비용 등이다. 교육생 20명이 받는 실질적 혜택은 얼마 되지 않는다. 차라리 교육생에게 직접 바우처를 주고, 원하는 교육을 선택하게 하는 것이 효율적일 수 있다.

더 큰 문제는 형식주의다. 서류상으로는 그럴듯한 프로그램이지만, 실제로는 부실하기 짝이 없다. 출석 체크만 하고, 형식적인 수료증만 나눠준다. 교육의 질은 관리되지 않고, 성과는 측정되지 않는다.

✳ 해법을 찾아서: 사람 중심 교육의 복원

K-컬처 교육의 근본적 전환이 필요하다. 첫째, 자기 탐색의 시간을 충분히 주어야 한다. 초중고 과정에서 다양한 문화예술을 경험하고, 자신의 적성과 재능을 발견할 기회를 제공해야 한다. 무작정 연습생이 되기보다는, 충분한 탐색을 거쳐 진로를 선택하도록 해야 한다.

둘째, 장기적 관점의 교육 시스템을 구축해야 한다. 최소 3년, 가능하면 5~10년 단위의 교육 프로그램이 필요하다. 단기 성과에 급급하지 않고, 천천히 그러나 꾸준히 성장할 수 있는 환경을 만들어야 한다.

셋째, 현장 중심의 프로젝트 교육을 확대해야 한다. 실제 작품을 만들고, 공연을 올리고, 관객을 만나는 경험을 통해 배워야 한다. 이론은 최소화하고, 실습을 극대화해야 한다.

넷째, 교육 전문가를 양성해야 한다. 창작자를 그대로 교육자로 쓸 것이 아니라, 교육 역량을 갖춘 전문 교·강사를 체계적으로 길러야 한다. 가르치는 것도 하나의 전문 영역임을 인정해야 한다.

다섯째, 다양한 직업군 교육을 병행해야 한다. 아티스트뿐만 아니라 K-컬처산업을 뒷받침하는 모든 직업군에 대한 교육이 필요하다. 학생들에게 다양한 진로 가능성을 열어주어야 한다.

여섯째, 대학과 지역별 특화 전략을 수립해야 한다. 모두가 똑같은 것을 하지 말고, 각자의 강점 분야에 집중해야 한다. 그래야 전문성이 축적되고 시너지가 창출된다.

일곱째, 교육 기술의 체계화와 디지털화를 추진해야 한다. 암묵지를 형식지로 전환하고, 이를 디지털 콘텐츠로 만들어 널리 공유해야 한다.

마지막으로, AI와 미래 기술 교육을 필수화해야 한다. 단순한 도구 활용법이 아니라, 미래 환경에서 창의성을 발휘하는 방법을 가르쳐야 한다.

K-컬처의 미래는 결국 사람에게 달려 있다. 기술이 아무리 발전해도, 자본이 아무리 많아도, 창의적이고 열정적인 사람이 없으면 아무것도 할 수 없다. 그런 사람을 기르는 것이 교육의 역할이다. 지금처럼 형식적이고 단기적이고 파편화된 교육으로는 K-컬처의 지속 가능한 성장을 담보할 수 없다.

내가 누구인지 아는 것에서 시작해, 재미있게 오래 할 수 있는 일을 찾고, 현장에서 실전을 익히며, 다양한 가능성을 탐색하는 교육. 이것이 K-컬처로 진정한 글로벌 문화강국으로 도약하기 위해 필요한 교육의 모습이다. 사람이 중심이 되는 교육, 사람을 위한 교육, 사람에 의한 교육. 이것이 우리가 회복해야 할 교육의 본질이다.

4 문화산업 육성: 스타트업·중소의 사다리, 미래 기회: 정책·금융 패키지

───────── ✳ 내수 시장 부재와 영세한 지원의 악순환

　K-컬처가 글로벌 시장에서 놀라운 성과를 거두고 있다는 점은 부인할 수 없다. 2022년 콘텐츠산업 매출액은 전년 대비 9.9% 증가한 151조 772억 원을 기록했고, 수출액은 132억 4,301만 달러로 6.3% 증가했다.[22] 한국 콘텐츠 시장 규모는 약 791억 달러(2023년 전망치)로 세계 7위에 올라섰다.[23] 하지만 이러한 성과 이면에는 구조적 한계가 존재한다. 바로 5,000만 인구라는 협소한 내수 시장과 영세한 지원 규모가 만들어내는 악순환이다.

　문화산업 스타트업과 중소기업들이 직면한 가장 큰 문제는 신기술과 새로운 콘텐츠를 시험해볼 테스트베드가 없다는 점이다. 미국이나 중국처럼 거대한 내수 시장을 보유한 국가들과 달리, 우리는 완성도 낮은 초기 제품을 시장에서 검증받고 개선할 기회가 극히 제한적이다. 이로 인해 많은 기업이 시도와 실패를 반복하다가 자본과 의지가 소진되어 사라지고 만다.

더 큰 문제는 정부의 지원사업 규모가 너무 작다는 것이다. 100억 원이 필요한 프로젝트에 1억 원을 지원하면서 '마중물' 역할을 한다고 자위하는 것이 현실이다. 하지만 이 정도 규모로는 마중물이 아니라 그저 맛보기에 불과하다. 완벽한 시제품조차 만들 수 없는 수준의 지원으로는 글로벌 시장에서 경쟁할 수 있는 제품이나 서비스가 나올 수 없다.

이러한 미약한 지원은 오히려 부작용을 낳는다. 개인과 스타트업들이 자생력을 키우기보다 정부 사업에 의존하는 체질이 되어버린다. 정부 사업이 없으면 생존조차 어려운 '좀비 기업'들이 양산되고, 진정한 혁신과 성장은 요원해진다.

✳ 문화적 IP와 기술 융합의 필요성

단순 기능 중심의 제품으로는 절대 성공할 수 없다. 인건비 경쟁에서는 중국이나 동남아시아 국가들을 이길 수 없기 때문이다. K-컬처산업이 진정으로 경쟁력을 갖추려면 문화적 IP와 첨단 기술이 융합된 독창적이고 차별화된 제품과 서비스를 만들어야 한다.

문제는 이러한 융합이 스타트업과 중소기업에게는 거의 불가능한 과제라는 점이다. IP를 보유한 콘텐츠 스타트업이 기술 기업과 협업하려 해도, 서로를 찾아내는 것부터 어렵다. 문화체육관광부, 과학기술정보통신부, 중소벤처기업부, 산업통상자원부가 각각 따로 지원하다 보니, 융복합 시대에 필요한 통합적 서비스를 만들 수 없다. 정작 현장에서는 어느 부처에 어떤 지원을 신청해야 할지조차 혼란스럽다.

✳ **분절된 지원 체계의 통합**

한국콘텐츠진흥원(KOCCA)은 방송, 게임, 음악, 패션, 애니메이션, 캐릭터, 만화, 실감 콘텐츠 등 장르별 콘텐츠의 제작 지원과 기획, 창·제작, 유통, 해외 진출, 기업 육성, 인재 양성, 문화기술 개발, 정책금융 지원과 정책 연구를 수행하는 대한민국 콘텐츠산업 총괄 기관이다. 정부는 7,900억 원 규모의 정책금융(K-콘텐츠펀드, 콘텐츠 IP펀드 조성 등)을 지원하고 있다.[24]

하지만 이러한 지원이 현장에 제대로 전달되지 못하는 이유는 지원사업이 너무 잘게 쪼개져 있기 때문이다. 수백 개의 작은 사업들이 난립하면서 정작 기업들은 어떤 지원을 받을 수 있는지조차 파악하기 어렵다. 더구나 각 사업의 예산 주기가 1년 단위로 실제 사업 지원 기간은 1년 미만이다. 이런 짧은 기간에 훌륭한 제품을 만들라는 것은 불가능에 가깝다.

이제는 콘텐츠 관련 모든 지원을 문화체육관광부로 일원화해야 한다. 디지털 콘텐츠든 실감 콘텐츠든 융합 콘텐츠든 모두 한곳에서 종합적으로 지원받을 수 있어야 한다. 또한, 예산 주기가 아니 현장 중심으로 지원 주기를 재편해야 한다. 기업이 필요로 하는 시점에, 필요한 만큼, 충분한 기간 동안 지원할 수 있는 체계가 필요하다.

✳ 창조경제혁신센터의 재도약

전국 19개 창조경제혁신센터는 지역 창업 생태계의 중요한 거점이다.[25] 2014년부터 설립되기 시작한 이 센터들은 각 지역의 특화 산업을 육성하고 스타트업을 지원하는 역할을 수행해왔다. 하지만 지금까지는 하향식 구조와 형식적 운영으로 제 기능을 다 하지 못했다는 비판을 받아왔다.

창조경제혁신센터가 진정한 지역 문화산업 육성의 전진기지가 되려면 근본적인 혁신이 필요하다. 중소벤처기업부는 '창조경제혁신센터 발전 로드맵'을 통해 센터를 '더 깊이 있게(Deeper)', '더 넓게(Broader)', '지역에 더 가깝게(Closer)'라는 3대 정책 방향으로 혁신하겠다고 밝혔다.[26]

첫째, 각 지역의 문화적 자산과 특성을 반영한 특화 전략이 필요하다. 전주는 한지와 전통문화를 중심으로 한복 디자인과 판소리 콘텐츠를, 부산은 영화제와 영상산업을, 대구는 섬유 전통을 살린 K-패션과 뮤지컬을 육성할 수 있다. 강원은 자연 관광 콘텐츠를, 충청권은 공예산업을 특화할 수 있는 잠재력이 있다. 이렇듯 각 지역이 자신의 강점에 집중할 수 있도록 지원해야 한다.

둘째, 민간의 자율성과 창의성을 최대한 보장해야 한다. 정부는 감독자가 아닌 후원자 역할에 충실해야 한다. 인프라를 제공하고 규제를 완화하며 자금을 지원하되, 구체적인 사업 내용은 민간이 주도하도록 해야 한다.

셋째, 지역 간 협력 네트워크를 강화해야 한다. 19개 센터가 각자도생하는 것이 아니라 서로의 강점을 공유하고 협력하는 체계를 구축해야 한다. 특히 문화콘텐츠는 지역 간 협업을 통해 더 큰 시너지를 낼 수 있는 분야다.

———————— ✳ 실효성 있는 정책금융 패키지

문화산업 스타트업과 중소기업에게 필요한 것은 단순한 자금 지원이 아니라 성장 단계별 맞춤형 금융 패키지다. 창업 초기에는 시드머니를, 성장기에는 시리즈 A 투자를, 도약기에는 IPO나 M&A를 지원하는 체계적인 금융 지원이 필요하다.

현재 정부가 조성한 7,900억 원 규모의 K-콘텐츠펀드는 긍정적인 신호다. 하지만 이 자금이 실제로 필요한 기업들에게 적시에 전달되는 것이 중요하다. 특히 문화콘텐츠 기업들은 일반 제조업과 달리 무형자산이 대부분이어서 담보 대출이 어렵다. 따라서 IP 가치평가를 통한 투자, 수익 공유형 투자 등 새로운 금융 모델이 필요하다.

또한, 해외 진출을 위한 금융 지원도 강화해야 한다. 현지 마케팅·현지화·법률 자문 등에 소요되는 비용을 지원하는 수출 바우처, 해외 전시회 참가 지원, 해외 바이어 매칭 등을 패키지로 제공해야 한다. 특히 중소기업들이 개별적으로 해외에 진출하기는 어려우므로, 공동 브랜드나 공동 마케팅을 통한 집단적 진출 전략도 필요하다.

✳ 지속 가능한 생태계 구축

K-컬처산업의 지속 가능한 성장을 위해서는 단기적 지원보다 장기적 생태계 구축이 중요하다. 첫째, K-문화 테마파크를 조성해 국내외 관광객들이 K-컬처를 종합적으로 체험할 수 있는 공간을 만들어야 한다. 이는 단순한 관광시설이 아니라 K-컬처 기업들의 테스트베드이자 쇼케이스 역할을 할 것이다.

둘째, K-문화 디지털 무역관을 구축해 전 세계 바이어들이 온라인으로 K-컬처 콘텐츠와 상품을 구매할 수 있도록 해야 한다. 특히 중소기업들이 개별적으로 해외 바이어를 찾기는 어려우므로, 통합 플랫폼을 통한 B2B 거래 활성화가 필요하다.

셋째, 산학연 협력을 통한 인재 양성이 시급하다. 문화콘텐츠산업은 창의성과 기술이 결합된 융합형 인재를 필요로 한다. 대학과 기업이 협력해 현장 중심의 교육과정을 운영하고, 인턴십과 프로젝트 기반 학습을 확대해야 한다.

✳ 미래를 위한 도전

K-컬처가 일시적 유행이 아닌 지속 가능한 산업으로 자리 잡으려면 지금이 골든타임이다. 정부는 파편화된 지원을 통합하고 규모를 확대해야 한다. 기업은 정부 의존에서 벗어나 자생력을 키워야 한다. 그리고 모든 이해관계자가 협력해 건강한 생태계를 만들어야 한다.

무엇보다 중요한 것은 '작은 성공의 연쇄'를 만드는 것이다. 한두 개의 대박 사례가 아니라 수많은 중소기업이 꾸준히 성장하고 성공하는 사례들이 축적되어야 한다. 이를 위해서는 보증, 투자, 수출 바우처를 포함한 종합적인 정책·금융 패키지가 필수적이다. K-컬처산업 육성은 단순한 경제 정책이 아니라 대한민국의 미래를 결정할 국가 전략이기 때문이다.

5 문화 AI(데이터): 쌓고, 여닫고, 잘 쓰는 법

---✳ 데이터 없는 K-컬처의 역설

BTS의 〈Butter〉는 빌보드 핫 100 차트 10주 연속 1위를 기록했다.[27] 하지만 정작 우리는 전 세계 어느 지역 팬들이 어떤 가사에 반응했는지, 어떤 안무 구간을 반복 재생했는지 알 수 없다. 모든 데이터는 스포티파이와 유튜브가 보유하고 있기 때문이다. K-컬처의 성공이 커질수록 우리의 데이터 주권은 약해지는 구조다. 이제는 문화 데이터를 체계적으로 '쌓고', 활용 가능하도록 '여닫고', 가치 창출에 '잘 쓰는' 전략이 필요하다.

---✳ 파편화된 문화 데이터의 현주소

현재 한국의 문화 데이터는 심각하게 파편화되어 있다. 문화 공공데이터광장은 문화체육관광부 소속 기관 및 타 부처 기관의 문화

정보를 한곳에 모아 서비스하고 있지만,[28] 실제 활용도는 기대에 미치지 못한다. 문제는 플랫폼의 존재가 아니라 데이터의 품질과 표준화에 있다.

첫째, 문화예술 분야의 지식과 노하우가 여전히 사람의 머릿속과 몸에만 존재한다. 국가무형문화재 제91호 제와장(瓦匠) 김창대 옹이 2020년 별세하면서 기와 제작의 핵심 기법들이 함께 사라졌다.[29] 수십 년 축적된 장인의 손끝 감각, 흙의 습도를 읽는 경험, 가마 온도를 조절하는 노하우는 디지털 데이터로 전환되지 못했다. 한 명의 명인이 세상을 떠나면 그가 가진 모든 문화적 자산도 함께 사라지는 구조다.

둘째, 데이터가 있어도 각 기관에 따라 다른 형식과 기준으로 구축되어 있다. 한국콘텐츠진흥원, 한국관광공사, 국민체육진흥공단이 각자의 데이터를 보유하고 있지만, 연계 활용이 어렵다. 대전은 AI와 VR 기술 기반의 문화 데이터 연구를 진행하고, 충북은 문화유산 디지털 아카이브를 구축 중이지만,[30] 이들은 서로 호환되지 않는다. 한국문화정보원은 8대 문화 분야별 실시간 수집·개방 문화 데이터를 API로 제공하지만,[31] 민간 활용도는 여전히 저조하다.

셋째, 개인정보보호와 저작권 문제로 인한 활용 제약이다. 넷플릭스 시리즈 〈지금 우리 학교는〉의 경우 글로벌 팬아트가 수만 건 생성되었지만, 이를 데이터화하여 2차 창작에 활용하려면 복잡한 저작권 협의가 필요하다.[32] 명확한 가이드라인과 제도적 뒷받침 없이는 데이터 활용이 위축될 수밖에 없다.

✳ 생성형 AI 시대, 문화 데이터의 새로운 기회

2024년부터 본격화된 생성형 AI 시대는 문화 데이터에 새로운 기회를 제공하고 있다. 글로벌 생성형 AI 시장은 2022년 108억 달러 규모에서 연평균 27% 성장하며 2032년 1,181억 달러 규모로 성장할 것으로 전망된다. [33]

국내에서는 카카오브레인의 KoGPT(2021), 네이버의 하이퍼클로바X(2023), LG의 엑사원 3.0(2024) 등이 한국어 처리 기술을 고도화하고 있다. [34] 이러한 AI 모델들이 제대로 작동하기 위해서는 양질의 문화 데이터가 필수적이다.

특히 주목할 점은 AI가 창작의 파트너로 진화하고 있다는 사실이다. 한국 애니메이션 〈케이팝 데몬 헌터스〉(2025)는 AI 기반 제작 기술을 적극 활용하여, 넷플릭스 글로벌 공개 4주 만에 누적 시청 시간 2억 2,080만 시간을 기록하며 자체 제작 애니메이션 최고 성적을 달성했다. [35] 경남의 한 웹툰 스튜디오는 AI 채색 기술을 도입하여 제작 기간을 30% 단축했다. [36] 이는 문화 데이터가 단순한 아카이브를 넘어 새로운 창작의 원천이 될 수 있음을 보여준다.

✳ 개방형 API와 프라이버시 가드레일 구축

문화 데이터를 제대로 활용하기 위해서는 '개방'과 '보호'의 균형이 필요하다. 무작정 공개할 수도, 꽁꽁 숨겨둘 수도 없다. 이를 위해 개방형 API와 프라이버시 가드레일을 동시에 구축해야 한다.

첫째, 표준화된 개방형 API 체계를 확립해야 한다. 현재 각 기관이 제공하는 API는 형식과 구조가 제각각이다. 이를 통일된 표준으로 정비하고, 개발자들이 쉽게 접근할 수 있도록 문서화와 샘플 코드를 제공해야 한다. 생성형 AI 학습에 필요한 대규모 데이터셋을 체계적으로 제공할 수 있는 인프라가 필요하다.

둘째, 데이터 품질 관리 체계를 강화해야 한다. 잘못된 데이터로 학습한 AI는 편향되거나 부정확한 결과를 낳는다. 문화 데이터의 정확성·최신성·완전성을 지속적으로 관리하고, 품질 인증 체계를 도입해야 한다. 한국문화정보원은 대국민 문화정보 서비스 지능화, 산업계 문화 데이터 생태계 조성을 추진하고 있지만,[37] 더욱 체계적인 품질 관리 프로세스가 필요하다.

셋째, 프라이버시 보호 기술을 적극 도입해야 한다. 차분 프라이버시(Differential Privacy), 연합 학습(Federated Learning) 등 개인정보를 보호하면서도 데이터를 활용할 수 있는 기술들이 발전하고 있다.[38] 이러한 기술을 문화 데이터에 적용하여 창작자의 권리를 보호하면서도 데이터의 가치를 극대화해야 한다.

——————✳ 데이터 기반 창작 생태계 조성 전략

문화 데이터의 궁극적 목표는 새로운 창작과 가치 창출이다. 이를 위해서는 창작자들이 실제로 활용할 수 있는 생태계를 조성해야 한다.

첫째, 창작자 친화적인 데이터 플랫폼을 구축해야 한다. 프로그래밍을 모르는 예술가도 쉽게 데이터를 검색하고 활용할 수 있도록 직관적인 인터페이스를 제공해야 한다. AI 도구와의 연계를 통해 데이터를 바로 창작에 활용할 수 있는 워크플로우를 구성해야 한다.

둘째, 데이터 거래 시장을 활성화해야 한다. 양질의 문화 데이터는 그 자체로 상품이 될 수 있다. 창작자가 자신의 데이터를 판매하고, 구매자는 필요한 데이터를 합리적인 가격에 살 수 있는 시장을 만들어야 한다. 스마트 계약을 통한 자동 로열티 분배 시스템을 도입하여 투명성과 공정성을 확보해야 한다.

셋째, 데이터 리터러시 교육을 강화해야 한다. 아무리 좋은 데이터와 도구가 있어도 이를 활용할 수 있는 역량이 없으면 무용지물이다. 강원도의 문화콘텐츠 교육기관에서는 예술가를 위한 데이터 분석 과정을 운영하고, 세종의 스마트시티 교육센터에서는 기술 전문가를 위한 문화예술 이해 과정을 제공하는 등,[39] 융합 교육이 확대되고 있다.

넷째, 공공과 민간의 협력 체계를 강화해야 한다. 공공이 보유한 문화유산 데이터와 민간이 생산하는 대중문화 데이터를 연계하여 시너지를 창출해야 한다. 데이터 표준을 통일하고, 상호 운용성을 확보하는 것이 중요하다.

✳ 미래를 위한 실행과제

K-컬처가 지속 가능한 문화산업으로 발전하기 위해서는 데이터

주권 확보가 필수다. 우리가 만든 콘텐츠에서 발생하는 데이터를 우리가 소유하고 활용할 수 있어야 한다. 이를 위해서는 국가 차원의 문화 데이터 전략이 시급하다.

무엇보다 중요한 것은 사람이 중심이 되는 데이터 생태계를 만드는 것이다. AI는 도구일 뿐, 창작의 주체는 여전히 사람이어야 한다. AI를 최강의 비서로 활용하되, 인간의 창의성과 감성을 대체하는 것이 아니라 증폭시키는 방향으로 발전시켜야 한다.

문화 데이터는 단순한 정보의 집합이 아니다. 우리의 정체성과 창의성이 담긴 소중한 자산이다. 이제는 이 자산을 체계적으로 관리하고, 개방과 보호의 균형을 맞추며, 새로운 가치 창출의 원천으로 활용해야 할 때다. 튼튼한 데이터 기반 위에서만 K-컬처의 미래가 꽃필 수 있다.

6 문화예술:
순수와 대중의 공존

K-컬처의 세계적 성공은 역설적으로 국내 문화예술 생태계의 심각한 불균형을 드러내고 있다. 블랙핑크가 빌보드 차트를 점령하고 있는 동안, 우리의 전통 국악은 젊은 세대에게 외면받고 있다. 이러한 양극화는 K-컬처의 지속 가능한 발전을 위협하는 구조적 문제다.

✳ 순수예술의 고립과 대중예술의 편중

2024년 문화예술 행사 직접관람률은 63.0%로 전년 대비 4.4% 포인트 상승했다.[40] 그러나 분야별 격차는 충격적이다. 영화가 57.0%의 압도적인 관람률을 보인 반면, 대중음악은 14.6%, 뮤지컬은 6.4%, 연극은 5.9%에 그치고 있다.[41] 더욱 심각한 것은 전통예술 분야다. 국악, 전통무용, 판소리 등의 관람률은 통계에도 제대로 잡히지 않을 만큼 미미하다.

이러한 극심한 편중 현상의 원인은 명확하다. 첫째, 순수예술과 전통예술에 대한 진입장벽이 너무 높다. 판소리나 정악을 이해하기 위해서는 상당한 사전지식이 필요한데, 이를 쉽게 설명해주는 교육 프로그램이나 안내 시스템이 부재하다. 젊은 세대에게 전통예술은 '어렵고 지루한 것'이라는 선입견만 강화되고 있다.

둘째, 접근성의 문제다. 국립극장, 국립국악원 등 주요 전통예술 공연장은 대부분 수도권에 집중되어 있다. 지역에서 수준 높은 전통예술 공연을 관람하기는 하늘의 별 따기다. 충북 청주는 직지 인쇄문화의 본고장이지만 정작 전통문화 공연장은 부족하고, 강원도는 사찰문화와 템플스테이로 유명하지만 이를 현대적 공연예술로 연결하는 플랫폼이 없다. 반면 영화관과 대중음악 공연장은 전국 어디서나 쉽게 찾을 수 있다. 이러한 물리적 접근성의 차이가 관람률 격차로 직결되고 있다.

셋째, 가격 장벽이다. 클래식 공연이나 오페라 티켓 가격은 일반 대중에게 부담스러운 수준이다. 정부가 문화누리카드를 통해 기초생활수급자와 차상위계층에게 연간 14만 원을 지원하고 있지만,[42] 이는 극히 제한적인 대책일 뿐이다. 문화예술은 모든 국민이 향유해야 할 기본권임에도 불구하고, 경제적 격차가 문화 격차로 이어지는 악순환이 계속되고 있다.

＊ 창작자 중심에서 관객 중심으로의 전환 부재

현재 문화예술 지원정책의 가장 큰 문제는 여전히 '창작자 중심'

에 머물러 있다는 점이다. 한국문화예술위원회, 한국예술인복지재단 등 주요 기관들의 지원사업을 살펴보면, 대부분이 예술가의 창작 활동을 지원하는 데 집중되어 있다.[43] 물론 창작자 지원은 중요하다. 그러나 창작된 작품이 관객과 만나지 못한다면 무슨 의미가 있겠는가?

문제는 예술가들이 자신만의 세계에 갇혀 일반 대중과의 소통을 소홀히 한다는 점이다. 전통예술가들은 "예술의 순수성을 지켜야 한다"며 대중화를 거부하고, 현대 예술가들은 "실험적이고 전위적이어야 한다"며 난해함을 미덕으로 여긴다. 이러한 엘리트주의적 태도가 일반 대중을 문화예술로부터 멀어지게 만들고 있다.

실제로 많은 문화예술 공연장에서 객석의 절반 이상이 비어 있는 광경을 목격할 수 있다. 이는 단순히 홍보 부족의 문제가 아니다. 관객이 원하는 것과 예술가가 제공하는 것 사이의 간극이 너무 크기 때문이다. 예술가들은 "관객의 수준이 낮다"고 한탄하지만, 정작 관객의 눈높이에 맞추려는 노력은 하지 않는다.

더욱 심각한 것은 이러한 문제가 세대를 거듭할수록 악화되고 있다는 점이다. 젊은 세대는 유튜브와 넷플릭스에서 쉽고 재미있는 콘텐츠를 무제한으로 즐길 수 있는데, 굳이 어렵고 비싼 순수예술을 찾을 이유가 없다. 이대로 가면 순수예술과 전통예술은 소수 마니아만 향유하는 '박물관 예술'로 전락할 위험이 크다.

✳ 융합형 창작 플랫폼의 부재

K-컬처의 성공 비결 중 하나는 장르 간 경계를 넘나드는 융합이 었다. K-팝은 음악·춤·패션·영상을 하나로 결합했고, K-드라마는 OST와 PPL을 통해 음악과 패션산업과 연계했다. 웹툰 〈신의 탑〉 은 애니메이션과 게임으로 확장되며 IP의 다층적 활용을 보여줬 다. 그러나 이러한 융합은 대중문화 영역에서만 일어나고 있을 뿐, 순수예술과 대중예술의 만남은 여전히 요원하다.

국악 크로스오버 그룹들이 간헐적으로 전통과 현대를 결합한 실 험을 시도하고 있지만, 일회성 공연에 그칠 뿐 지속적인 플랫폼으 로 발전하지 못하고 있다.[44] 광주는 미디어아트와 디자인 비엔날레 로 현대 예술의 실험장 역할을 하지만 전통예술과의 접점은 여전히 약하다. 전주는 판소리와 한옥마을의 전통문화 자산이 풍부하지만, K-팝이나 K-드라마 같은 대중문화와의 융합 시도는 부족하다. 전 통과 현대, 순수와 대중을 연결하는 상설 플랫폼이 없기 때문에 창 작자들은 각자의 영역에 갇혀 있고, 관객들은 선택의 폭이 제한되 어 있다.

해외 사례를 보면, 영국의 로열오페라하우스는 오페라 실황을 영화관에서 상영하는 '라이브 시네마'를 통해 대중화에 성공했다. 프랑스의 아비뇽 페스티벌은 실험적인 작품과 대중적인 작품을 함 께 선보이며 다양한 관객층을 확보했다. 일본은 가부키와 애니메 이션을 결합한 '슈퍼 가부키'로 젊은 세대의 관심을 끌었다. 우리도 이러한 융합형 플랫폼을 서둘러 구축해야 한다.

─────────── ✳ 지역 문화예술 거점의 붕괴

서울과 수도권에 문화예술 인프라가 집중되면서 지역 문화예술 생태계는 붕괴 직전이다. 지역 문화재단들이 설립되어 있지만, 예산과 인력 부족으로 제 역할을 못 하고 있다. 지역 예술가들은 생계를 위해 수도권으로 이주하고, 지역 주민들은 문화예술을 향유할 기회를 박탈당하고 있다.

특히 심각한 것은 지역의 전통예술 전승 기반이 무너지고 있다는 점이다. 각 지역의 고유한 민속예술과 전통공예가 후계자 부족으로 사라지고 있다. 경북 안동의 하회별신굿탈놀이, 전남 진도의 씻김굿, 울산의 처용무 같은 무형문화유산들이 명맥을 유지하고 있지만, 일상 속 살아 있는 문화로 계승되지는 못하고 있다. 정부가 무형문화재 제도를 통해 보전을 시도하고 있지만, 형식적인 보존에 그칠 뿐 살아 있는 문화로 계승되지 못하고 있다.

지역 문화예술 활성화를 위해서는 단순히 공연장을 짓는 하드웨어 중심 접근에서 벗어나야 한다. 대전은 과학기술 중심 도시로서 VR/AR 기반 문화콘텐츠를 특화할 수 있고, 제주는 독특한 자연환경을 배경으로 한 야외 공연예술을 발전시킬 수 있다. 지역 주민들이 직접 참여하고 향유할 수 있는 프로그램, 지역 예술가들이 안정적으로 활동할 수 있는 지원 체계, 지역의 특색을 살린 차별화된 콘텐츠 개발이 필요하다.

✳ 미래 기회:
융합형 창작 플랫폼 구축 전략

첫째, 전국 17개 광역시도에 '융합예술창작센터'를 설립해야 한다. 이곳에서는 전통예술가와 현대 예술가, 순수예술가와 대중예술가가 함께 작업하며 새로운 형태의 공연과 전시를 만들어낸다. AI와 메타버스 기술을 활용한 실험도 이곳에서 이루어진다. 경주에서는 신라 왕궁문화를 미디어아트로 재현하고, 대구에서는 섬유패션과 뮤지컬을 결합한 공연을 선보이며, 세종에서는 디지털 기반 공공문화 플랫폼을 실험한다.

둘째, '찾아가는 문화예술 서비스'를 대폭 확대해야 한다. 학교, 복지관, 병원 등 일상 공간으로 예술가들이 직접 찾아가 공연과 교육을 제공한다. 이를 통해 문화예술의 문턱을 낮추고 생활 속 예술을 실현한다.

셋째, '디지털 문화예술 아카이브'를 구축해야 한다. 모든 공연과 전시를 고화질로 촬영하여 온라인으로 제공한다. VR과 AR 기술을 활용해 집에서도 생생한 공연 관람이 가능하도록 한다. 특히 전통예술의 경우 체계적인 디지털화를 통해 젊은 세대의 접근성을 높인다. 경남 통영의 오광대놀이나 충남 서산의 박첨지놀음 같은 지역 전통예술도 디지털 아카이브에 포함하여 전국 어디서나 접근 가능하게 만든다.

넷째, '문화예술 바우처' 제도를 전 국민으로 확대해야 한다. 현재 저소득층에게만 제공되는 문화누리카드를 중산층까지 확대하고, 지원금액도 연간 30만 원 수준으로 인상한다. 이를 통해 경제적 부담 없이 누구나 문화예술을 향유할 수 있는 환경을 조성한다.

다섯째, '예술 교육 의무화'를 추진해야 한다. 초중고 교육과정에서 전통예술과 순수예술 교육을 필수화하고, 전문 예술 강사를 파견하여 체계적인 교육을 제공한다. 인천의 차이나타운 문화예술, 강원도 사찰 템플스테이와 연계한 명상예술, 전북의 판소리 같은 지역 특화 예술 교육 프로그램을 개발한다. 어릴 때부터 문화예술과 친숙해질 수 있도록 하는 것이 장기적으로 가장 중요한 투자다.

순수와 대중의 경계를 허물고, 전통과 현대를 융합하며, 창작자와 관객이 함께 만들어가는 새로운 문화예술 생태계. 이것이 K-컬처가 단순한 한류를 넘어 인류 문화유산으로 자리매김하기 위한 필수 조건이다. 더 이상 미룰 시간이 없다.

7 콘텐츠산업: IP로 먹고사는 법

✳ 콘텐츠 IP,
K-컬처산업화의 핵심 자산으로 부상

K-컬처는 더 이상 단순한 유행이 아니라, 산업 생태계의 중심으로 진화하고 있다. 그러나 그 화려한 성과 뒤에 우리가 놓치고 있는 게 있다. 바로 콘텐츠 IP(지식재산권) 관리와 활용이다. 2024년 해외 한류 실태조사에 따르면, 한국 문화콘텐츠에 대한 호감도가 인도네시아 86.3%, 인도 84.5%, 태국과 UAE 83.0%로 매우 높게 나타났다.[45] 이런 엄청난 인기에도 불구하고, 우리는 정작 IP를 제대로 활용하지 못하고 있다.

한국콘텐츠진흥원에 따르면, 최근 콘텐츠산업 내 가장 큰 변화의 흐름은 IP를 활용한 사업의 성장이다.[46] 그러나 현실은 어떤가? IP 관리 체계는 여전히 허술하고, 해외 플랫폼에 종속되어 수익의 상당 부분이 빠져나가고 있다.

더 큰 문제는 시장 동향 정보 부족이다. 창작자와 기업들이 국내외 시장 현황이나 소비자 트렌드를 제대로 파악하지 못한 채 콘텐츠를 만들고 있다. 같은 콘텐츠를 여러 기업이 중복 제작하면서 경쟁력과 차별성이 떨어진다. '한국문화콘텐츠 중앙정보시스템' 구축이 절실한 이유다. 장르별 시장 현황, 소비자 전망, 글로벌 트렌드를 실시간으로 제공해야 한다. 창작자와 기업이 데이터 기반으로 의사결정을 할 수 있도록 분석된 정보를 제공해야 산업이 성장할 수 있다.

✳ 원천 IP의 무한 확장, OSMU 전략의 진화

원 소스 멀티 유스(OSMU: One Source Multi Use), 하나의 원천 콘텐츠를 다양한 형태로 확장하는 전략이 K-콘텐츠산업의 새로운 성장동력으로 떠올랐다. 콘텐츠 기업들이 원 소스 멀티 유스 전략을 통해 하나의 IP를 다양한 형태로 확장하면서, 기업 간 라이선싱 거래가 지속적이고 반복적으로 이루어지고 있다.[47] 실제로 웹툰 하나가 드라마가 되고, 영화가 되고, 게임이 되면서 수익이 기하급수적으로 늘어나고 있다.

〈외모지상주의〉가 이것의 대표적인 사례다. 2014년 네이버 웹툰으로 시작해 2023년 8월 누적 조회 수 100억 뷰를 돌파하며 네이버 웹툰 최초 100억 뷰 달성 작품이 되었다.[48] 그리고 2022년에는 넷플릭스 애니메이션으로 제작되어 전 세계 190여 개국에 공개되었다. 또한, 일본에서는 실사 드라마로, 한국에서는 뮤지컬로 제작되며 하나의 IP가 다양한 수익원을 창출하는 모델을 보여주었다.

〈나 혼자만 레벨업〉도 마찬가지다. 2018년 웹소설로 시작해 웹툰으로 제작되었고, 누적 조회 수 143억 뷰를 넘어섰다.[49] 2024년에는 일본 애니메이션으로 제작되어 전 세계적으로 큰 인기를 끌었으며, 게임과 굿즈 시장으로도 확장되고 있다.

넷플릭스 시리즈 〈더 글로리〉는 드라마를 넘어 패션·뷰티산업으로 확장되었다. 극중 주인공들이 착용한 의상과 소품이 글로벌 트렌드가 되었고, K-뷰티 브랜드들은 드라마 속 메이크업을 재현한 제품을 출시하며 매출 급증을 경험했다. 하나의 드라마 IP가 다양한 산업으로 파급되는 효과를 입증한 사례다.

국내 다수의 콘텐츠 회사가 목표로 삼고 있는 기업이 있다. 바로 디즈니와 마블이다. 두 회사 모두 만화로 시작해 종합 콘텐츠 기업으로 성장했다. 우리도 이제 IP 중심의 사업 구조로 전환해야 한다.

문제는 이런 성공 사례가 일부에 그친다는 점이다. 대부분의 창작자와 중소기업은 여전히 IP 활용 방법을 모르고, 원천 콘텐츠 판매에만 그치고 있다. 정부 차원에서 원천 IP 발굴과 활용 전략을 체계적으로 지원해야 한다. 특히 우리 고전문학, 설화, 역사 등 전통문화 속에 숨어 있는 IP들을 현대적으로 재해석하는 작업이 필요하다.

✳ 글로벌 플랫폼 종속의 딜레마와
자체 유통망 구축

넷플릭스, 디즈니플러스 같은 글로벌 OTT가 K-콘텐츠를 전 세계에 알리는 데 큰 역할을 했다. 그런데 이게 축복일까, 함정일까? 2024년 기준, 한국 콘텐츠산업의 매출액은 157조 6,000억 원(전년 대비 2.2% 증가), 수출액은 136억 달러(전년 대비 1.8% 증가)라는 화려한 성과[50] 뒤에는 구조적 문제가 숨어 있다.

해외 플랫폼이 K-콘텐츠로 벌어들이는 수익 대부분을 가져간다. 더 심각한 건 데이터다. K-팝 팬덤의 소비 패턴, K-드라마 시청 데이터가 모두 해외 플랫폼에 축적된다. 우리가 만든 콘텐츠로 발생한 데이터를 역으로 구매해야 하는 모순적 상황이다. 이런 구조로는 아무리 좋은 콘텐츠를 만들어도 진정한 산업 강국이 될 수 없다.

글로벌 플랫폼과의 협력을 당장 끊을 수는 없다. 하지만 동시에 우리만의 글로벌 유통 채널을 구축해야 한다. 정부는 역대 최대 규모 7,900억 원 정책금융(K-콘텐츠펀드, 콘텐츠IP펀드 조성 등) 지원을 발표했다.[51] 이 자금이 단순한 콘텐츠 제작 지원에 그치지 않고, 플랫폼 구축과 글로벌 유통망 확보에 투입되어야 한다.

특히 아시아 시장을 먼저 공략해야 한다. 전체 콘텐츠 수출의 약 70%가 중국, 동남아, 일본 등 특정 아시아 국가에 집중되어 있다는[52] 건 기회이자 한계다. 이 지역에서 확고한 유통 기반을 구축한 후, 북미와 유럽으로 확장하는 단계적 전략이 필요하다.

* 데이터 기반 의사결정과
수익 분배 투명성 확보

K-콘텐츠산업이 한 단계 더 도약하려면 과학적 접근이 필요하다. 감과 경험에 의존하던 기획과 제작 방식에서 벗어나 데이터 기반 의사결정 체계를 구축해야 한다. 할리우드의 '그린라이트 시스템'처럼 프로젝트의 성공 가능성을 사전에 예측하고 리스크를 관리하는 시스템이 필요하다.

신규 저작권 한 건은 기업 매출을 약 12% 증가시킨다는[53] 연구 결과가 있다. 그런데 많은 창작자가 저작권의 가치를 모른다. 계약서도 제대로 읽지 않고, 수익 배분 구조도 이해하지 못한다. 결국, 자신이 만든 콘텐츠가 대박을 쳐도 정작 창작자는 큰 수익을 얻지 못하는 경우가 많다.

수익 분배의 투명성을 확보해야 한다. 블록체인 기술을 활용한 스마트 계약으로 자동 정산 시스템을 구축하고, 모든 거래 내역을 투명하게 공개해야 한다. 창작자가 정당한 대가를 받을 때 더 좋은 콘텐츠가 나온다. 이것이 산업 전체의 선순환 구조를 만드는 출발점이다.

* 장르별 특성에 맞는 맞춤형 육성 전략

콘텐츠산업이라고 다 같은 게 아니다. 게임, 웹툰, 음악, 영상, 출판 등 장르마다 특성이 다르고 필요한 지원도 다르다. 그런데 지금

정부 지원 프로그램은 어떤가? 천편일률적이다. 게임산업진흥원, 웹툰산업진흥원 설립이 시급한 이유다.

게임은 개발 기간이 길고 초기 투자 비용이 크다. 3년 이상 장기 지원이 필요하다. 웹툰은 작가 양성과 플랫폼 경쟁력이 핵심이다. 음악은 글로벌 유통과 공연 인프라가 중요하다. 영상은 제작비 조달과 후반 작업 지원이 절실하다. 이런 특성을 무시하고 똑같은 방식으로 지원하면 효과가 없다.

특히 주목해야 할 건 융복합 콘텐츠다. 경기콘텐츠진흥원의 K-콘텐츠 IP 융복합 제작 지원사업처럼, 서로 다른 장르를 결합한 새로운 형태의 콘텐츠 개발을 지원해야 한다. XR, 메타버스, AI 등 신기술과 전통 콘텐츠의 융합도 중요하다. 하지만 기술에만 매몰되면 안 된다. 결국, 콘텐츠의 본질은 스토리와 감동이다.

✳ 중소 창작자와 기업의 글로벌 진출 지원 체계

K-콘텐츠의 성공이 몇몇 대형 프로젝트에만 그쳐서는 안 된다. 수많은 중소 창작자와 기업이 함께 성장해야 산업이 지속 가능하다. 그런데 현실은 어떤가? 대기업과 유명 창작자만 지원받고, 나머지는 소외되고 있다.

중소기업과 신진 창작자를 위한 단계별 지원 체계가 필요하다. 첫째, 창작 단계에서는 작업 공간과 장비를 지원한다. 둘째, 제작 단계에서는 제작비와 멘토링을 제공한다. 셋째, 유통 단계에서는 해외 마켓 참가와 번역을 지원한다. 넷째, 사업화 단계에서는 투자 유치와 법률 자문을 돕는다.

특히 해외 진출 지원이 중요하다. 국내 판매처가 한 곳 늘어날 때 매출이 약 7% 증가한 반면, 해외 판매처가 한 곳 늘어난 경우 매출이 무려 40% 증가했다는[54] 연구 결과가 있다. 해외 진출이 얼마나 중요한지 보여주는 수치다. 하지만 중소기업이 혼자서 해외 시장을 개척하기는 어렵다. 정부와 공공기관이 가교 역할을 해야 한다.

✳ K-콘텐츠산업의 미래를 위한 과제

콘텐츠산업은 이제 K-컬처의 핵심이자 미래 먹거리다. 하지만 지금처럼 해서는 안 된다. IP 관리를 체계화하고, OSMU 전략을 고도화하며, 자체 유통망을 구축해야 한다. 데이터 기반 의사결정과 투명한 수익 분배 시스템도 필수다.

무엇보다 창작자가 중심이 되어야 한다. 창작자가 제대로 대우받고 정당한 수익을 누릴 때, 더 좋은 콘텐츠가 나온다. 정부는 규제를 풀고 지원을 늘려야 한다. 기업은 창작자와 상생해야 한다. 플랫폼은 투명하게 운영되어야 한다.

K-콘텐츠가 세계를 제패하는 날이 머지않았다. 하지만 그 열매를 우리가 따먹으려면, 지금부터 제대로 준비해야 한다. IP로 먹고 사는 시대, 콘텐츠산업의 구조적 혁신이 시급하다.

8 관광:
'보는 여행'에서 '사는 체험'으로

———————— ✳ K-컬처가 이끄는 관광 패러다임의 전환

2024년 한국을 찾은 외국인 관광객이 1,637만 명을 기록했다.[55] 코로나 19 이전인 2019년 대비 94% 수준까지 회복한 수치다. 문화체육관광부가 2027년까지 3,000만 명 달성을 목표로 설정한 가운데, K-컬처가 한국 관광의 핵심 동력으로 자리 잡았다. 외래관광객 실태조사에 따르면 한국 방문 계기 1위가 '한류 콘텐츠를 접하고 나서(32.1%)'라는 사실은 이를 명확히 보여준다.[56]

하지만 현실은 녹록지 않다. 블랙핑크가 뮤직비디오를 촬영한 제주도 섭지코지, 〈응답하라 1988〉의 쌍문동 골목, 〈킹덤〉의 배경이 된 경복궁과 수원화성, 대구의 김광석 길처럼 'K-컬처 성지'는 전세계 팬들의 순례지가 되었지만, 정작 체계적인 관광 인프라는 턱없이 부족하다. 일부 지역에서는 갑작스런 관광객 증가로 주민들이 불편을 호소하고, 또 다른 곳에서는 단편적이고 일회성 방문에 그치는 '스쳐 지나가는 관광'의 한계를 드러낸다.

더 큰 문제는 K-컬처 체험을 위한 종합적인 몰입형 시설이 전무하다는 점이다. 미국의 디즈니랜드나 일본의 유니버설 스튜디오처럼 하루 내내 머물며 다양한 체험을 즐길 수 있는 대규모 테마파크가 없다. 서울, 부산, 제주, 강원 등 주요 관광지에 K-컬처 체험 프로그램이 산재해 있지만, 이들을 유기적으로 연결하는 동선이나 패키지 상품 개발은 미흡한 실정이다.

───────✳ 분산된 K-컬처 관광 자원의 현실

현재 K-컬처 관광은 심각한 구조적 문제를 안고 있다. 첫째, 관광 자원이 지역별로 분산되어 있어 외국인 관광객들이 효율적으로 체험하기 어렵다. K-팝 관련 시설은 서울에 집중되어 있고, 드라마 촬영지는 전국 각지에 흩어져 있으며, 전통문화 체험은 또 다른 곳에서 이루어진다. 강원도의 〈도깨비〉 촬영지부터 전북 전주의 한옥마을, 경북 포항의 〈동백꽃 필 무렵〉 촬영지까지 이동 시간과 비용이 과다하게 발생하면서 관광 만족도가 떨어지는 악순환이 반복된다.

둘째, 체험 프로그램의 질적 수준이 들쭉날쭉하다. 어떤 곳은 단순히 촬영 장소임을 알리는 표지판 하나만 덩그러니 세워둔 반면, 또 다른 곳은 과도한 상업화로 본래의 매력을 잃어버렸다. 체계적인 품질 관리와 표준화 시스템이 부재한 탓이다. 한국관광공사가 '한류 성지순례' 테마로 관광지를 선정하고 있지만, 현장에서의 체험 품질까지 관리하기에는 역부족이다.[57]

셋째, 온라인과 오프라인이 단절되어 있다. 전 세계 K-컬처 팬들이 유튜브나 넷플릭스를 통해 콘텐츠를 접하지만, 이를 실제 한국 방문으로 연결시키는 플랫폼이 부재하다. 관광 정보를 얻기 위해 여러 사이트를 전전해야 하고, 예약과 결제도 각각 다른 채널을 통해야 한다.

넷째, 지역별 축제가 특정 시기에 집중되는 문제도 심각하다. 전국 대부분의 축제가 봄(4~5월)과 가을(9~10월)에 몰려 있어 관광객 유치 경쟁이 과열되고, 비수기에는 볼거리가 부족하다. 계절별 특성을 살린 차별화된 콘텐츠 개발이 시급한 이유다.

✳ 체험형 관광으로의 전환 전략

K-컬처 관광이 '보는 관광'에서 '사는 체험'으로 바뀌려면 근본적인 발상의 전환이 필요하다. 단순히 드라마 촬영지를 둘러보고 사진을 찍는 수준을 넘어, 직접 K-팝 댄스를 배우고, 한식을 만들어보고, 한복을 입고 전통문화를 체험하며, 태권도 수련을 경험하고, 한글 캘리그라피를 배우는 참여형 프로그램으로 진화해야 한다.

이를 위해 가장 시급한 것은 K-컬처 테마파크 조성이다. 단순한 놀이시설이 아닌, K-팝, K-드라마, K-무비, K-푸드, K-뷰티, 한글, 태권도, 전통문화 등 한국 문화의 모든 요소를 종합적으로 체험할 수 있는 복합문화공간이어야 한다. 중요한 것은 온라인과 오프라인을 융합한 O2O(Online to Offline) 서비스 구축이다. 메타버스 공간에서 사전 체험을 하고, 실제 방문 시 더 깊이 있는 체험을 즐기며, 귀국 후에도 온라인으로 지속적인 관계를 유지하는 순환 구조를 만들어야 한다.

지역별 특화 전략도 필수다. 수도권은 K-팝과 현대 문화 중심의 글로벌 허브로, 강원권은 드라마 촬영지와 자연 관광 콘텐츠 거점으로, 충청권은 전통문화와 문화기술 융합 중심으로, 영남권은 영화와 K-무비 제작 클러스터로, 호남권은 전통예술과 음식문화 거점으로 특화시켜야 한다. 각 지역이 경쟁하는 것이 아니라 상호보완하며 시너지를 창출하는 구조를 만들어야 한다.

체험 프로그램의 표준화와 품질 관리 시스템 구축도 중요하다. 모든 K-컬처 체험 시설에 대한 인증제를 도입하고, 정기적인 모니터링과 피드백 시스템을 운영해야 한다. 특히 외국인 관광객 대상 프로그램은 다국어 서비스, 문화적 배려, 안전 관리 등에서 엄격한 기준을 적용해야 한다.

✳ 디지털 플랫폼 기반의 스마트 관광

미래 K-컬처 관광의 핵심은 디지털 전환이다. 'K-컬처 디지털 관광 플랫폼'을 구축해 정보 검색부터 예약·결제·체험·공유까지 원스톱으로 해결해야 한다. AI 기반 맞춤형 여행 추천 서비스를 제공하고, AR/VR 기술을 활용한 실감형 콘텐츠를 개발해야 한다.

특히 주목해야 할 것은 데이터 주권 확보다. 현재 K-컬처 관광객의 대부분이 구글, 유튜브, 인스타그램 등 해외 플랫폼을 통해 정보를 얻고 있다. 이들의 여행 패턴, 선호도, 소비 행태 등 귀중한 데이터가 모두 해외로 유출되고 있는 셈이다. 한국 주도의 플랫폼을 구축해 데이터를 축적하고, 이를 바탕으로 더 나은 서비스를 개발하는 선순환 구조를 만들어야 한다.

블록체인 기반의 스마트 계약 시스템 도입도 검토해야 한다. 이를 통해 관광상품 예약과 결제, 환불 등 모든 거래를 투명하게 관리하고, NFT를 활용한 디지털 기념품 판매, 메타버스 공간에서의 가상 체험 등 새로운 수익 모델을 창출할 수 있다.

─────── ✳ 지속 가능한 K-컬처 관광 생태계

K-컬처 관광이 일시적 유행에 그치지 않고 지속 가능한 산업으로 성장하려면 생태계 차원의 접근이 필요하다. 먼저, 지역 주민과 상생하는 관광 모델을 구축해야 한다. 관광 수익이 지역사회로 환원되는 구조를 만들고, 주민들이 직접 참여하는 체험 프로그램을 개발해야 한다. 〈갯마을 차차차〉로 유명해진 포항시 청하면의 경우, 지역 주민들이 직접 운영하는 카페와 체험 프로그램이 좋은 반응을 얻고 있다.[58]

창작자와 아티스트가 지속적으로 참여할 수 있는 구조도 중요하다. K-컬처의 핵심은 결국 '사람'이다. 신진 아티스트들이 관광객과 만나 공연하고 소통할 기회를 제공하고, 이를 통해 수익을 창출할 수 있도록 지원해야 한다. 거리 공연, 버스킹, 팝업 공연 등 다양한 형태의 문화콘텐츠가 일상적으로 펼쳐지는 환경을 조성해야 한다.

계절별 차별화 전략도 필수다. 봄에는 K-뷰티와 꽃 축제를 결합하고, 여름에는 워터파크와 K-팝 콘서트를 융합하며, 가을에는 한식과 전통문화 체험을, 겨울에는 강원권 스키 리조트와 힐링 프로그램을 특화시켜야 한다. 365일 언제 방문해도 특별한 경험을 할 수 있는 '사계절 K-컬처' 전략이 필요하다.

✳ 글로벌 확산을 위한 전략적 접근

K-컬처 관광의 궁극적 목표는 한국 방문을 넘어 전 세계로 확산하는 것이다. 이를 위해 'K-컬처 글로벌 프랜차이즈' 전략을 추진해야 한다. 한국형 테마파크와 체험 시설을 해외에 수출하고, 현지 문화와 융합한 새로운 모델을 개발해야 한다.

해외 문화원을 'K-컬처 체험 거점'으로 전환하는 것도 중요하다. 단순한 홍보 기능을 넘어, 실제로 K-팝 댄스를 배우고, 한식을 만들어보고, 한국어를 학습하며, 웹툰과 K-애니메이션을 체험할 수 있는 복합문화공간으로 진화시켜야 한다. 이를 통해 잠재 관광객을 육성하고, 실제 한국 방문으로 이어주는 가교 역할을 수행해야 한다.

무엇보다 중요한 것은 K-컬처 관광이 단순한 상업적 활용을 넘어, 문화 교류와 상호 이해의 장이 되어야 한다는 점이다. 한국 문화의 깊이와 다양성을 제대로 전달하면서도, 방문객들이 자신만의 특별한 경험을 만들어갈 수 있는 열린 공간이 되어야 한다.

2027년 외국인 관광객 3,000만 명 시대를 앞두고, K-컬처 관광은 중요한 전환점에 서 있다. '보는 관광'에서 '사는 체험'으로, 분산

형에서 통합형으로, 오프라인에서 O2O 융합형으로의 대전환이 필요한 시점이다. 이것이 바로 K-컬처가 일시적 유행을 넘어 지속 가능한 글로벌 문화산업으로 자리매김하는 길이다.

9 지역 문화·균형발전: 로컬이 브랜드가 될 때

대한민국의 문화지도를 펼쳐보면 극심한 불균형이 드러난다. 전국 문화 기반시설의 36.3%가 수도권에 편중되어 있으며, 특히 도서관의 43.4%와 미술관의 41.5%가 서울·경기·인천에 몰려 있다.[59] 매출 기준 상위 1,000대 기업의 74.9%가 수도권에 본사를 두고 있고, 이들이 창출하는 매출액의 86.1%가 수도권에서 발생한다.[60] 문화예술 분야도 예외가 아니어서, 대도시와 읍면 지역의 문화예술 관람률은 12.7%포인트라는 격차를 보이고 있다.[61]

K-컬처가 세계를 열광시키는 지금, 정작 우리 지역 문화는 소멸 위기에 직면해 있다는 아이러니다. 그러나 이것은 위기이자 동시에 거대한 기회다. 지역이 보유한 고유한 문화자원을 IP로 발굴하고 브랜드화한다면, 로컬이 글로벌로 직접 연결되는 새로운 문화산업 생태계를 구축할 수 있다.

✳ 수도권 집중의 그늘, 지역 문화의 공동화

현재 우리나라 문화산업의 수도권 집중도는 심각한 수준이다. 한국콘텐츠진흥원의 조사에 따르면, 콘텐츠 기업의 대부분이 수도권에 집중되어 있으며, 이러한 집중은 가속화되고 있다. 청년 창작자들이 기회를 찾아 수도권으로 이동하면서 지역의 문화 생산력은 급격히 약화되고 있다. 2024년 기준 수도권 인구는 전체 인구의 50.8%인 2,630만 명에 달하며, 이는 인구뿐만 아니라 경제력과 문화 인프라의 집중을 의미한다.[62]

지역과 수도권의 격차는 시장 자본, 투자, 연구개발, 보유 기술, 전문 인력, 기업 수와 수준 등 모든 면에서 압도적이다. 수도권이 국가대표급이라면 지역은 초등학교 수준이라 해도 과언이 아니다. 그러나 더 큰 문제는 지역이 이 현실을 제대로 인정하지 않는다는 점이다. 수도권의 앞선 사례만 좇다 보니 자신의 수준과 상황을 정확히 파악하지 못하고, 10년, 20년이 지나도 예산만 소진할 뿐 가시적 성과를 내지 못하는 악순환이 반복되고 있다.

지역 문화예술 단체들이 직면한 현실은 더욱 열악하다. 전문 인력 부족, 시장 협소, 투자 부재, 기술 격차 등 사방이 막혀 있다. 이러한 상황에서 중앙부처 사업 유치는 지역에 중요한 기회가 될 수 있다. 그러나 문제는 지역 특성과 맞지 않는 사업을 개인 치적이나 승진을 위해 무리하게 유치하는 경우가 많다는 것이다. 중앙 지원으로 초기에는 시설이 완공되지만, 지원이 끝나면 제대로 운영되지 않는다. 더욱이 사업을 유치한 공무원은 완공 전에 다른 부서로 이동하여 사업의 연속성이 단절되는 경우가 허다하다.

지방자치단체들이 경쟁적으로 축제를 개최하지만, 대부분 봄과 가을 같은 시기에 몰려 있어 과열경쟁만 부추기고 있다. 전국 400여 개 지역 축제가 4~5월과 9~10월에 집중되면서 오히려 관광객 분산과 지역경제 활성화라는 본래 목적을 달성하지 못하고 있다.[63]

무엇보다 심각한 것은 지역의 고유한 문화적 정체성이 사라지고 있다는 점이다. 획일화된 개발과 천편일률적인 문화행사로 인해 각 지역만의 독특한 색깔이 희미해지고 있다. 전국 어디를 가도 비슷한 먹거리 축제, 유사한 체험 프로그램, 똑같은 포토존이 반복된다. 기술과 시장 트렌드만 좇아 다른 지역이 하는 것을 그대로 따라 하다 보니, 자신만의 특화·차별화된 문화자원은 방치되고 있다. 이는 단순히 문화적 다양성의 상실을 넘어, 지역 관광산업과 지역경제의 경쟁력 약화로 직결된다.

✳ 로컬 크리에이터의 부상과 지역 IP의 가능성

그러나 최근 들어 희망적인 변화의 움직임이 포착되고 있다. 중소벤처기업부와 소상공인시장진흥공단이 지원하는 '로컬 크리에이터 육성사업'이 전국적으로 확산되고 있다.[64] 이들 로컬크리에이터는 지역의 자연환경, 문화적 자산, 전통기술을 소재로 혁신적인 비즈니스 모델을 만들어내고 있다.

강원도 정선의 '곤드레 막걸리'는 K-푸드로, 전남 담양의 '대나무 공예품'은 전통문화콘텐츠로, 경북 안동의 '하회탈 캐릭터'는 K-애니메이션 소재로, 제주의 '해녀 문화콘텐츠'는 K-무비와 다큐멘터

리 소재로 발전하고 있다. 충북 청주는 직지의 도시 정체성을 살려 한글과 인쇄문화를 결합한 문화상품을 개발하고 있으며, 충남 공주와 부여는 백제 문화를 K-드라마 및 역사 콘텐츠로 재해석하고 있다. 이들 로컬 크리에이터는 단순히 지역 특산물을 판매하는 것을 넘어, 스토리텔링과 브랜딩을 통해 지역의 정체성을 담은 문화상품으로 진화시키고 있다.

특히 주목할 만한 것은 이들이 만들어내는 '지역 IP'의 가치다. 지역의 설화, 역사적 인물, 자연경관, 생활문화 등을 콘텐츠화하여 웹툰, 애니메이션, 게임, 관광상품으로 확장하고 있다. 대전의 과학기술 연구소 밀집 지역은 SF 웹툰과 게임의 배경으로 활용되고 있으며, 세종의 스마트시티 인프라는 미래형 K-콘텐츠의 실험 무대가 되고 있다. 이는 단순한 1차 상품 판매를 넘어 OSMU(One Source Multi Use)를 통한 고부가가치 창출이 가능함을 보여준다. 지역 IP는 그 지역만이 가진 독점적 자산이자, 글로벌 시장에서도 차별화된 경쟁력을 갖출 수 있는 원천이다.

＊ 창작 인프라 구축:
메이커 스페이스에서 문화도시까지

지역 문화 활성화를 위해서는 창작자들이 활동할 수 있는 물리적 공간과 지원 시스템이 필수적이다. 최근 전국적으로 확산되고 있는 창작센터와 메이커 스페이스는 이러한 인프라의 핵심이다. 2024년 기준 전국 17개 광역자치단체에 설립된 콘텐츠진흥원과 문

화재단들은 지역 창작자들을 위한 작업 공간, 장비, 교육, 네트워킹 기회를 제공하고 있다.[65]

그러나 현재 지역에는 연구개발(R&D) 인프라와 마인드, 조직이 전무하다시피 하다. 중앙의 국가 연구기관이 부설로 내려와 있을 뿐, 지역 고유의 문화자원과 콘텐츠를 연구하는 전담 부서나 전문 인력이 없다. AI와 웹 3.0 시대에 핵심 기술과 솔루션 없이는 차별화된 경쟁력 있는 서비스를 만들어낼 수 없다. 따라서 지역은 자체적인 문화콘텐츠 R&D 조직을 구축하고, 지역 문화자산을 지속적으로 연구·개발하여 디지털 데이터화하고, 이를 AI와 웹 3.0 서비스로 전환하는 체계를 갖춰야 한다.

경기콘텐츠진흥원의 '경기콘텐츠코리아랩', 부산콘텐츠마켓의 '크리에이티브팩토리', 광주정보문화산업진흥원의 'G-NEXT 창작소', 대전문화재단의 'DCC 콘텐츠허브' 등은 단순한 공간 제공을 넘어 창작-제작-유통의 전 과정을 지원하는 통합 플랫폼으로 진화하고 있다. 이들 기관은 지역 대학, 기업, 창작자 커뮤니티와 협력하여 지역 특화 콘텐츠 개발에 주력하고 있다.

문화체육관광부가 지정하는 '문화도시'는 지역 문화 발전의 새로운 모델을 제시한다. 2019년부터 2022년까지 24개 도시가 지정되었고, 2023년 12월에는 추가로 13개 도시의 조성계획이 승인되어 총 37개 문화도시가 운영되고 있다.[66] 각 도시는 고유한 문화적 정체성을 바탕으로 시민 주도의 문화 생태계를 구축하고 있다. 부천의 '유네스코 창의 도시', 전주의 '전통문화 도시', 통영의 '음악 창의 도시', 청주의 '공예와 민속예술 창의 도시'는 지역의 문화적 DNA를 현대적으로 계승·발전시킨 사례다.

✳ 지역 IP 인큐베이터:
발굴에서 글로벌화까지

지역 문화의 지속 가능한 발전을 위해서는 체계적인 'IP 인큐베이팅 시스템'이 필요하다. 이는 단순히 지역 자원을 발굴하는 것을 넘어, 이를 산업화하고 글로벌 시장으로 확장할 수 있는 전 과정을 지원하는 시스템이다.

발굴 단계에서는 지역의 숨은 문화자원을 찾아내고 데이터베이스화해야 한다. 각 지역의 설화, 민요, 전통공예, 향토 음식, 자연경관, 역사유적 등을 체계적으로 조사하고 디지털 아카이빙을 구축해야 한다. 충청권의 경우 백제 문화권, 유교 문화권, 온천 문화권 등 다양한 테마를 발굴할 수 있으며, 강원권은 평창 동계올림픽 레거시와 DMZ 평화 관광 콘텐츠를 문화 IP로 전환할 수 있다. 이 과정에서 지역 주민, 향토사학자, 문화예술인들의 참여가 필수적이다.

육성 단계에서는 발굴된 자원을 콘텐츠화할 수 있는 창작자를 양성하고 지원해야 한다. 지역 대학과 연계한 교육 프로그램, 전문가 멘토링, 창작 지원금, 시제품 제작 지원 등을 통해 아이디어가 실제 콘텐츠로 구현될 수 있도록 해야 한다. 특히 청년 창작자들이 지역에 정착할 수 있도록 주거, 작업 공간, 네트워킹 기회를 제공하는 것이 중요하다.

사업화 단계에서는 개발된 콘텐츠가 시장에서 경쟁력을 갖출 수 있도록 비즈니스 모델을 고도화해야 한다. 한국콘텐츠진흥원의 'IP 라이선싱 지원사업'처럼 원천 콘텐츠를 다양한 형태로 확장할 수 있는 OSMU 전략을 수립하고, 투자 유치와 판로 개척을 지원해야 한다.[67] K-뷰티의 경우 충북의 생산기지와 수도권의 마케팅 역량을 결합하고, K-푸드는 전통 레시피를 보유한 지역과 글로벌 유통망을 가진 기업을 연결하는 방식으로 접근할 수 있다.

글로벌화 단계에서는 지역 콘텐츠가 세계 시장으로 진출할 수 있도록 번역, 현지화, 해외 마케팅, 국제 협력 등을 지원해야 한다. K-컬처의 글로벌 인기를 활용하여 지역 콘텐츠를 '로컬 투 글로벌' 전략으로 확산시킬 수 있다.

✳ 앵커기관과 민간투자: 자립적 생태계 구축

지역 문화 생태계의 지속 가능성을 위해서는 공공 지원에만 의존하지 않는 자립적 구조가 필요하다. 이를 위해 각 지역에 '앵커기관'을 육성하고 민간투자를 유치하는 전략이 중요하다.

앵커기관은 지역의 문화산업을 선도하는 핵심 기관으로, 대학, 연구소, 대기업, 문화재단 등이 될 수 있다. 춘천의 한림대학교는 '춘천 애니메이션 클러스터'의 앵커 역할을 하며, 부산국제영화제는 영상산업의 구심점이 되고 있다. 대전의 KAIST와 과학기술 연구기관들은 문화기술 개발의 허브 역할을 할 수 있으며, 세종의 정부세종청사는 문화정책 혁신의 중심이 될 수 있다. 이들 앵커기관은 인력 양성, 기술 개발, 네트워크 구축, 투자 유치 등에서 핵심적인 역할을 수행한다.

그러나 지역 문화산업 육성의 핵심은 지역 기업과 대학을 키우는 것이다. 지역 기업의 가장 큰 강점은 그 지역을 누구보다 잘 안다는 것이고, 가까이 있어 지속적인 관리가 가능하다는 것이다. 수도권 대기업이 아무리 기술력이 뛰어나도, 그들은 지역에 살지 않고, 프로젝트가 끝나면 떠나버리며, 지역에 대한 애정이 없다. 그러나 지역 기업에게 기회가 주어지지 않는다는 게 현실이다. 20억 원 이상의 다양한 대형 프로젝트가 매년 있지만, '공정한 선정'이라는 명목하에 수도권 기업들이 대부분 수주해간다.

이를 해결하기 위해서는 광역시 단위에서 전시관, 박물관, 홍보관, 체험관 등 20억 원 이상의 서비스 용역 프로젝트에 지역 기업과 대학이 40% 이상 의무적으로 참여하도록 조례를 제정해야 한다. 이는 지역균형발전을 위한 최소한의 안전장치다. 지역 기업과 대학에 기회를 주지 않으면 영원히 성장할 수 없고, 결국 지역 문화산업도 발전할 수 없다.

민간투자 활성화를 위해서는 지역 문화펀드 조성과 세제 혜택이 필요하다. 지방자치단체, 지역 기업, 금융기관이 공동으로 '지역문화발전기금'을 조성하고, 지역 문화기업에 투자하는 엔젤투자자와 벤처캐피털에 대한 인센티브를 제공해야 한다. 특히 지역만의 문화콘텐츠산업펀드를 만들어 지역 아티스트, 전문가, 기업들이 시장에 진출하여 성공적인 제품과 서비스를 만들 수 있도록 지원해야 한다. 지역은 수도권보다 더 열악한 상황에서 서로 의미 없는 경쟁만 하고 있다. 지역의 문화산업이 성장하려면 지역 내 협력과 집중지원이 필수다.

또한, 기업의 문화 기부를 촉진하기 위해 지역 문화재단을 법정기부금 단체로 지정하는 등 제도적 지원이 뒷받침되어야 한다.

* 미래를 위한 제언:
차이가 경쟁력이 되는 문화 생태계

지역 문화 균형발전은 단순히 문화적 형평성의 문제가 아니다. 이는 대한민국 문화산업의 지속 가능한 성장과 직결된 핵심 과제다. K-컬처가 글로벌 시장에서 지속적으로 경쟁력을 유지하려면, 다양하고 풍부한 문화적 토양이 필요하다. 각 지역의 고유한 문화가 살아 숨 쉬어야 창의적이고 혁신적인 콘텐츠가 탄생할 수 있다.

먼저 지역은 자신의 현실을 정확히 인정해야 한다. 수도권과의 격차를 외면한 채 무리하게 앞서가려 하면 실패를 반복할 뿐이다. 지역의 수준과 여건에 맞는 전략을 수립하고, 자신만의 특화·차별화된 문화자원을 꾸준히 집중 육성해야 한다.

광역시와 기초지자체의 역할을 명확히 구분해야 한다. 광역시는 연구개발과 산업 육성 인프라 구축에 집중하고, 기초지자체는 지역 특산품 판매와 국내외 관광객 유치를 위한 특화 체험 서비스에 집중하는 것이 효율적이다. 인프라와 자원이 없는 기초지자체가 무리하게 연구개발 사업을 유치하는 것은 예산 낭비일 뿐이다.

중앙부처 사업을 유치할 때는 유치 자체가 목적이 되어서는 안 된다. 지역의 특화된 자원과 인프라에 맞는 사업을 선별하고, 무엇보다 완공 후 운영과 지속 가능성을 철저히 고민해야 한다. 공무원의 순환보직으로 인한 사업 연속성 단절을 막기 위해, 사업 담당자의 최소 재임 기간을 보장하거나 전담 조직을 구성하는 제도적 장치가 필요하다.

또한, 지역별 특화 전략을 수립해야 한다. 모든 지역이 똑같은 문화산업을 추진하는 것이 아니라, 각 지역의 역사·문화·자연·산업적 특성에 맞는 차별화된 전략을 추진해야 한다. 강원은 자연경관과 평화 관광 콘텐츠로, 충청은 과학기술과 역사 문화 콘텐츠로, 호남은 예술과 전통문화로, 영남은 영상과 산업 관광으로 특화할 수 있다. 광역별 문화 클러스터를 조성하되, 수도권과 동등한 규모와 지원을 보장해야 한다. 축제와 행사의 시기 조정을 통해 연중 고른 문화 활동이 이루어지도록 해야 한다.

가장 중요한 것은 사람이다. 지역에서 활동하는 문화예술인·창작자·기획자들이 안정적으로 창작 활동을 할 수 있는 환경을 만들어야 한다. 이들이 지역에 뿌리를 내리고 활동할 때, 진정한 지역 문화의 꽃이 피어날 수 있다.

로컬이 곧 글로벌이 되는 시대다. 지역의 작은 이야기가 세계를 감동시킬 수 있다. 대한민국의 247개 시군구가 각각 고유한 문화 브랜드를 가진 '문화 강소국'이 될 때, K-컬처는 더욱 깊이 있고 다채로운 매력으로 세계를 사로잡을 것이다.

저작권: 아티스트의 IP 기초 교육
시급성과 국제 분쟁 대응 체계

K-컬처는 이제 세계 문화산업의 중심으로 자리 잡았다. BTS와 블랙핑크가 빌보드 차트를 석권하고, 〈오징어 게임〉이 넷플릭스 역사를 다시 쓰며, 〈나 혼자만 레벨업〉 웹툰이 글로벌 콘텐츠 시장의 새로운 강자로 부상했다. 그러나 이 눈부신 성공 뒤에는 우리가 외면하고 있는 불편한 진실이 있다. K-컬처의 창작자들이 자신들의 지식재산권을 제대로 보호받지 못하고 있으며, 해외 플랫폼에 종속되어 막대한 수익이 유출되고 있다는 사실이다.

한국저작권보호원의 2024년 보고서에 따르면, 우리나라의 불법 복제물 이용률은 여전히 19.1%에 달한다.[68] 영화는 21.6%, 음악은 21.5%, 웹툰은 15.7%로 분야별 침해율도 심각한 수준이다. 더욱 충격적인 것은 소프트웨어 분야의 피해 규모가 연간 100억 원을 넘어선다는 점이다. 이는 단순히 경제적 손실에 그치지 않는다. 창작자들의 창작 의욕을 꺾고, K-컬처의 지속 가능한 성장을 위협하는 구조적 문제다.

✳ 초등학교부터 시작해야 하는 IP 교육

가장 시급한 과제는 창작자들에 대한 체계적인 지식재산권 교육이다. 현재 K-팝 아티스트들은 세계 무대에서 활약하고 있지만, 정작 자신들의 권리를 어떻게 보호해야 하는지조차 모르는 경우가 많다. 한국음악저작권협회에 등록된 저작권 곡 수를 보면 일부 아이돌 그룹 멤버들이 수백 곡의 저작권을 보유하고 있지만, 실제로 이를 통해 정당한 수익을 창출하고 있는지는 의문이다.[69]

창작 활동을 시작하는 연령대가 점점 낮아지고 있는 현실을 고려할 때, 초등학교 때부터 저작권 교육을 의무화해야 한다. 단순히 "남의 것을 베끼면 안 된다"는 수준이 아니라, 자신의 창작물이 어떻게 법적으로 보호받을 수 있는지, 계약서는 어떻게 읽어야 하는지, 로열티는 어떻게 산정되는지를 구체적으로 가르쳐야 한다.

특히 K-팝 연습생들의 경우, 데뷔 전부터 체계적인 IP 교육 프로그램을 이수하도록 의무화해야 한다. 이들이 나중에 작곡이나 작사에 참여할 때, 자신의 권리를 정확히 알고 주장할 수 있어야 불공정 계약이나 수익 배분 문제를 예방할 수 있다. 서울과 경기도의 주요 엔터테인먼트 기획사들은 이미 자체 교육 프로그램을 운영하고 있지만, 대구의 뮤지컬 전문 배우 양성 기관이나 광주의 미디어아트 창작자 교육 프로그램에서도 이러한 IP 교육이 필수로 포함되어야 한다.

✳ 해외 플랫폼 종속과 수익 유출의 심각성

K-드라마 〈킹덤〉은 넷플릭스 오리지널로 제작되어 전 세계적으로 큰 성공을 거뒀다. 그러나 이 성공의 이면에는 데이터 주권 상실이라는 문제가 있다.[70] 한국 좀비물이라는 독특한 소재로 글로벌 팬덤을 확보했지만, 정작 시청 데이터와 수익의 대부분은 넷플릭스가 가져갔다. 이는 단순한 경제적 손실을 넘어 문화 주권과 직결되는 문제다.

K-팝 팬덤의 소비 패턴, K-드라마 시청자들의 취향 데이터가 모두 해외 플랫폼에 축적되고 있다. 이 데이터는 향후 AI 시대에 콘텐츠 제작의 핵심 자산이 될 것인데, 우리는 이미 그 주도권을 상실하고 있다. 문화체육관광부와 한국저작권위원회가 2024년부터 시행하고 있는 'K-콘텐츠 해외 저작권 등록·출원 지원사업'은 긍정적인 시도다.[71] 중소기업 200개사를 대상으로 콘텐츠당 최대 1,000만 원까지 지원하는 이 사업은 해외 시장에서 K-콘텐츠의 권리를 확보하는 데 기여하고 있다. 부산의 영화 제작사, 전주의 전통문화 콘텐츠 제작사, 제주의 관광 콘텐츠 제작사들이 이 사업을 통해 해외 시장 진출을 준비하고 있지만, 이보다 더 근본적인 대책이 필요하다.

✳ 국제 분쟁 대응 체계 구축의 시급성

최근 게티 이미지와 스태빌리티 AI(Stability AI) 간의 저작권 분쟁, 뉴욕타임스와 오픈AI의 소송은 콘텐츠 저작권 보호가 얼마나 복잡하고 중요한 문제인지를 보여준다.[72] K-컬처도 예외가 아니다. 중국과 동남아 지역에서 K-팝 음악과 드라마가 무단으로 복제되고 있으며, 심지어 가짜 K-팝 그룹까지 등장하고 있다. 강원도의 드라마 촬영지 콘텐츠, 충북의 K-뷰티 제품 디자인, 경북 경주의 전통문화 콘텐츠까지 무단 도용 사례가 늘어나고 있다.

이에 대응하기 위해서는 체계적인 국제 분쟁 대응 시스템이 필요하다. 첫째, 주요 시장별 전문 법률 대응팀을 구성해야 한다. 미국, 중국, 일본, 유럽 등 권역별로 현지 법률 전문가와 네트워크를 구축하고, 침해 발생 시 즉각 대응할 수 있는 체계를 마련해야 한다.

둘째, 블록체인 기반의 저작권 관리 시스템을 도입해야 한다. NFT와 스마트 컨트랙트 기술을 활용하면 저작권의 소유권을 명확히 하고, 로열티 분배를 자동화할 수 있다. 이미 뮤직카우 같은 플랫폼이 음악 수익증권 거래를 시작했지만, 이를 K-웹툰, K-게임, K-애니메이션 등 K-컬처 전 분야로 확대해야 한다.[73] 대전의 문화기술 연구소와 세종의 디지털 문화 플랫폼이 이러한 블록체인 기술 개발을 주도할 수 있다.

셋째, AI 시대에 대비한 새로운 저작권 프레임워크가 필요하다. 현행 저작권법은 '인간의 사상 또는 감정을 표현한 창작물'만을 보호 대상으로 하고 있어 AI가 생성한 콘텐츠는 저작권을 인정받지 못한다.[74] 그러나 K-컬처 창작자들이 AI를 활용해 콘텐츠를 제작하는 경우가 늘어나고 있다. 이봄이라는 AI 작곡가가 6년간 30만 곡을 만들어 6억 원의 매출을 올렸지만, 저작권료를 받지 못한 사례는 현행 제도의 한계를 보여준다.

＊ 창작자 중심의 공정한 수익 분배 체계

저작권 보호의 궁극적 목표는 창작자들이 정당한 대가를 받을 수 있도록 하는 것이다. 그러나 현실은 암울하다. 음원 스트리밍 플랫폼에서 1회 재생당 창작자가 받는 수익은 극히 미미하며, 대부분의 수익은 플랫폼과 유통사가 가져간다.

이를 개선하기 위해서는 첫째, 표준계약서를 의무화해야 한다. 문화체육관광부가 제정한 표준계약서가 있지만, 실제 현장에서는 잘 사용되지 않는다.[75] 모든 문화콘텐츠 계약에서 표준계약서 사용을 의무화하고, 이를 위반할 경우 강력한 제재를 가해야 한다. 울산의 산업 관광 콘텐츠 제작자, 전남의 섬 관광 콘텐츠 제작자, 인천의 국제교류 문화콘텐츠 제작자들도 이러한 표준계약서의 보호를 받아야 한다.

둘째, 수익 분배의 투명성을 확보해야 한다. 블록체인 기술을 활용해 콘텐츠가 소비되는 모든 과정을 추적하고, 수익이 어떻게 분배되는지를 실시간으로 확인할 수 있는 시스템을 구축해야 한다.

셋째, 집중관리단체의 역할을 강화해야 한다. 한국음악저작권협회, 한국문예학술저작권협회 등 기존 단체들의 권한을 확대하고, 해외 시장에서도 적극적으로 권리를 행사할 수 있도록 지원해야 한다.[76] 충남의 백제 문화 콘텐츠, 경남의 가야 문화 콘텐츠 창작자들도 이러한 집중관리단체를 통해 권리를 보호받을 수 있어야 한다.

✳ 전담 기관 설립과 체계적 지원

이 모든 과제를 효과적으로 수행하기 위해서는 K-컬처 저작권 보호를 전담하는 독립 기관이 필요하다. 가칭 'K-컬처지식재산권보호원'을 설립해 저작권 교육, 등록 지원, 분쟁 대응, 정책 연구 등을 통합적으로 수행해야 한다.

이 기관은 단순한 행정 조직이 아니라 현장 전문가들이 주도하는 실행 조직이어야 한다. 변호사·변리사뿐 아니라 현직 프로듀서, 작곡가, 작가 등이 참여해 실질적인 도움을 줄 수 있어야 한다. 또한, 해외 주요 시장에 지사를 설치해 현지에서 즉각 대응할 수 있는 체계를 구축해야 한다.

K-컬처의 성공이 지속되기 위해서는 창작자들의 권리가 제대로 보호받아야 한다. 더 이상 우리의 창작물이 해외에서 무단으로 사용되거나, 정당한 대가 없이 소비되는 것을 방치해서는 안 된다. 지식재산권은 21세기 문화 전쟁의 핵심 무기다. 이제는 K-컬처의 창작자들이 이 무기를 제대로 사용할 수 있도록 체계적인 교육과 지원, 그리고 강력한 보호 체계를 구축해야 할 때다.

11

문화 복지·접근성:
모두에게 열린 문화

✳ 성공의 그늘, 소외되는 사람들

K-컬처가 전 세계를 휩쓸고 있는 지금, 역설적으로 우리 안에서는 문화 양극화가 심화되고 있다. 세븐틴과 아이브의 공연 티켓 가격은 수십만 원을 호가하고, 넷플릭스와 디즈니플러스 등 OTT 구독료는 매년 오르고 있다. 반면 기초생활수급자와 차상위계층 264만 명은 여전히 연간 14만 원의 문화누리카드에 의존해야 하는 실정이다. 이마저도 2025년에야 13만 원에서 1만 원 인상된 것이다.[77]

더 큰 문제는 문화 복지가 단순한 금액 지원의 문제가 아니라는 점이다. 서울과 지방의 문화예술 관람률 격차는 17%포인트, 소득 수준별 격차는 무려 50.6%포인트에 달한다.[78] 서울 강남구의 아이들은 정기적으로 뮤지컬과 오케스트라 공연을 접하지만, 강원도 산간지역이나 전남 섬마을의 아이들은 1년에 한 번 찾아오는 '구석구석 문화배달' 프로그램을 손꼽아 기다려야 한다.

한국장애인문화예술원이 운영하는 이음센터와 모두예술극장은 그나마 희망적인 변화다. 하지만 전국에 단 몇 곳뿐인 이런 시설로는 263만 등록장애인의 문화 갈증을 해소하기에 턱없이 부족하다.[79] 휠체어 접근이 가능한 공연장은 여전히 크게 부족하고, 시각장애인을 위한 화면해설 영화나 청각장애인을 위한 자막 공연은 찾아보기 힘들다.

──────── ＊ 일반인과 예술인의 단절된 만남

현재의 문화 복지 정책은 유명 아티스트의 공연이나 대형 전시회 중심으로 편중되어 있다. 문화누리카드 사용 현황을 보면 영화 관람이 압도적 1위를 차지하고, 도서 구입이 그 뒤를 잇는다. 진정한 의미의 문화 체험과 창작 참여는 찾아보기 힘들다.

신진 예술가들과 지역 창작자들은 관객을 만날 기회가 없고, 일반 시민들은 다양한 문화예술을 접할 통로가 막혀 있다. 대전의 미디어아트 작가는 전시 공간이 없어 고민하고, 대구의 뮤지컬 배우는 공연 기회를 기다린다. 길거리 버스킹은 소음 민원으로 쫓겨 다니고, 작은 갤러리와 소극장은 임대료를 감당 못 해 문을 닫는다. 결국, K-컬처의 저변은 점점 얇아지고, 소수 스타에 대한 의존도만 높아지는 악순환이 반복된다.

청년들은 생활비 걱정에 문화 활동을 포기하고, 중장년층은 문화예술을 '사치'로 여기며 스스로를 소외시킨다. 정부는 노인층과 장애인 대상 프로그램에 집중할 뿐, 일반 시민들이 문화 창작자가 될 기회는 제공하지 못하고 있다. 이런 상황에서 K-컬처의 지속 가능한 성장을 기대할 수 있을까?

✳ 파편화된 지원, 형식적인 접근

문화체육관광부, 한국문화예술위원회, 17개 시도별 문화재단, 기초지자체별 문화부서까지, 문화 복지를 담당하는 기관은 수없이 많다. 하지만 이들 간의 협력과 조정은 전무하다시피 하다. 중복 사업은 넘쳐나고, 정작 필요한 곳에는 손길이 닿지 않는다.

통합문화이용권 사업은 20년째 진행되고 있지만, 여전히 선착순 발급과 지역별 예산 배분으로 형평성 논란이 끊이지 않는다.[80] 최근에야 전체 대상자로 발급을 확대했지만, 시스템 과부하로 신청 첫날부터 접속 장애가 발생했다.

더 심각한 것은 문화 복지를 단순한 '나눔'과 '시혜'로 접근하는 관점이다. 취약계층에게 무료 티켓 몇 장 나눠주고, 연말에 실적 보고서 작성하면 임무 완수라고 생각한다. 문화가 인간의 기본권이며, 모든 사람이 창작자가 될 수 있다는 인식 전환은 요원하기만 하다.

지역 문화 격차 해소를 위해 추진하는 사업들도 마찬가지다. 서울의 프로그램을 그대로 복사해서 지방에 이식하려 하니 현지 정서와 맞지 않는다. 광주의 미디어아트 전통, 전주의 한옥 문화, 경주의 신라 유산, 제주의 자연 콘텐츠 같은 지역 고유의 문화자원을 발굴하고 주민들의 자발적 참여를 이끌어내는 노력은 찾아보기 힘들다.

────────── ＊ 디지털 격차가 만드는 새로운 소외

　K-컬처의 확산이 유튜브, 넷플릭스 등 디지털 플랫폼을 통해 이루어지면서, 디지털 소외계층은 문화에서도 이중으로 소외받고 있다. 70대 이상 노인의 스마트폰 활용률은 40%에 불과하고, 농어촌 지역의 초고속 인터넷 보급률은 도시의 절반 수준이다.

　온라인 예매 시스템은 젊은 세대에게는 편리하지만, 노인들에게는 넘을 수 없는 장벽이다. QR코드 입장, 모바일 티켓, 앱 전용 할인 등 디지털 중심의 서비스는 오히려 접근성을 떨어뜨린다. 코로나19 이후 비대면 공연이 늘었지만, 정작 이를 즐길 수 있는 장비와 환경을 갖춘 사람은 얼마나 될까?

　시각장애인용 화면해설, 청각장애인용 수어 통역, 발달장애인을 위한 쉬운 설명 등 정보 접근권 보장도 여전히 미흡하다. 웹 접근성 인증마크를 받은 문화예술 기관 홈페이지는 10%도 안 되고, 대부분의 전시 설명은 전문 용어로 가득하다.

────────── ＊ 전담 기관과 통합 지원 체계의 부재

　문화 복지를 전담하는 독립적인 기관이 없다는 것도 큰 문제다. 한국문화예술위원회는 예술 창작 지원에 집중하고, 지역 문화진흥원은 지역 축제에 매달린다. 정작 문화 복지의 철학과 방향을 연구하고 실행할 컨트롤타워는 없다.

　선진국들은 이미 오래전부터 문화 복지를 독립적인 정책 영역으

로 설정하고 전문 기관을 운영하고 있다. 영국의 아트 카운슬은 '창조적인 사람과 공간(Creative People and Places)' 프로그램으로 문화 소외 지역을 집중 지원하고, 프랑스는 '모두를 위한 문화(Culture pour tous)' 정책으로 계층 간 문화 격차를 줄이고 있다.

우리도 문화복지진흥원 같은 전담 기관을 설립해 체계적이고 지속적인 정책을 펼쳐야 한다. 단순한 지원금 배분이 아니라, 문화 향유 실태조사, 맞춤형 프로그램 개발, 문화 매개자 양성, 접근성 개선 등 종합적인 접근이 필요하다.

무엇보다 문화 복지가 국내에만 머물러서는 안 된다. K-컬처가 세계적 현상이 된 만큼, 전 세계 문화 소외계층을 위한 프로그램도 개발해야 한다. 개발도상국 청소년을 위한 태권도 아카데미, 난민 캠프의 한글 교실, 분쟁 지역 어린이를 위한 K-애니메이션 상영회 등을 통해 문화 한류와 복지 한류를 동시에 실현할 수 있다.

───────────── ✳ 미래 기회:
　　　　　　　　보편적 문화 권리의 실현

문화는 특별한 사람들의 전유물이 아니다. 숨 쉬는 것처럼 자연스럽게 누구나 향유하고 창작할 수 있어야 한다. 연령·장애·소득·지역에 관계없이 모든 사람이 문화의 주체가 되는 것, 그것이 진정한 K-컬처 강국의 모습이다.

이를 위해서는 첫째, 문화 바우처를 넘어선 '문화 기본소득' 도입을 검토해야 한다. 모든 국민에게 최소한의 문화 활동비를 보장하면, 이를 통해 문화 시장 전체를 활성화시킬 수 있다. 핀란드의 기본소득 실험처럼, 세종시나 강원도 같은 특정 지역에서 시범사업을 시작해볼 만하다.

둘째, '찾아가는 문화 복지'에서 '함께 만드는 문화 복지'로 패러다임을 전환해야 한다. 일방적인 공연 제공이 아니라, 주민들이 직접 기획하고 참여하는 커뮤니티 아트 프로젝트를 확대해야 한다. 영국의 '펀 팰리스(Fun Palaces)' 운동처럼, 동네 도서관과 주민센터를 창작 공간으로 바꾸는 것부터 시작할 수 있다.

셋째, 문화 매개자 10만 명 양성 프로젝트를 추진해야 한다. 예술 전공자들을 문화 복지 코디네이터로 양성해 각 지역과 시설에 배치하면, 일자리 창출과 문화 활성화를 동시에 달성할 수 있다. 이들이 마을 주민과 예술가를 연결하고, 맞춤형 프로그램을 기획하는 가교 역할을 하게 된다.

넷째, 유니버설 디자인을 모든 문화시설의 필수 요건으로 만들어야 한다. 신규 시설은 물론 기존 시설도 단계적으로 개선해, 2030년까지 100% 무장애 문화공간을 실현해야 한다.[81] 여기에는 물리적 접근성뿐 아니라 감각적·인지적 접근성도 포함된다.

다섯째, 디지털 문화 복지 플랫폼을 구축해 온·오프라인의 경계를 없애야 한다. VR 기술로 거동 불편한 노인도 세계 명화를 감상하고, XR로 시각장애인도 조각 작품을 '만져볼' 수 있게 해야 한다. 메타버스 속 가상 공연장에서는 지리적 제약 없이 누구나 K-컬처를 체험할 수 있다.

문화 복지는 비용이 아니라 투자다. 문화를 통해 삶의 질이 높아진 국민은 더 창의적이고 생산적인 사회 구성원이 된다. 프랑스가 문화 예산을 GDP의 1% 이상 유지하는 것도, 독일이 문화를 헌법에 명시한 것도 이런 이유에서다.

K-컬처가 진정한 소프트파워가 되려면, 내부의 문화 토양부터 비옥하게 만들어야 한다. 소수의 스타가 아니라 모든 국민이 문화 창작자가 될 때, K-컬처의 미래는 더욱 밝아질 것이다. 지금 필요한 것은 시혜적 복지가 아닌, 권리로서의 문화를 보장하는 대전환이다.

2장

7 Star 프로젝트: 미래 성장을 위한 대형 국가 전략

통합 설계:
11개 진단에서 7개 전략으로

✳ 문제의 얽힘과 연결:
  왜 개별 접근은 실패하는가?

K-컬처가 전 세계를 열광시키고 있지만, 1장에서 진단한 11개 분야의 문제들은 마치 거대한 매듭처럼 서로 얽혀 있다. 문화정책의 부처 간 칸막이가 문화기술 R&D의 상용화 실패로 이어진다. 이는 다시 문화산업 육성의 한계를 만들며, 결국 창작자들의 저작권 보호 미비로 귀결되는 악순환이 반복된다. 이 복잡한 연결고리를 이해하지 못한 채 각 문제를 개별적으로 해결하려는 시도는 필연적으로 실패할 수밖에 없다.

구조적 연결성을 분석하면 놀라운 패턴이 드러난다. 첫째, 정책-기술-산업의 삼각 구조다. 문화정책의 분절이 문화기술의 실용화를 막고, 이것이 문화산업 육성의 걸림돌이 된다. 문화체육관광부는 콘텐츠를, 과학기술정보통신부는 기술을 따로 지원하다 보니, 기술과 콘텐츠가 융합된 혁신적 서비스가 탄생하기 어렵다.

둘째, 교육-인재-창작의 순환 고리다. 문화 교육의 현장 괴리가 창의적 인재 부족으로 이어지고, 이는 문화예술의 질적 저하와 콘텐츠산업의 경쟁력 약화로 연결된다. 한국예술종합학교를 졸업해도 실무를 못하고, 실무를 하는 사람은 체계적 교육을 받지 못하는 아이러니가 계속된다.

셋째, 글로벌-로컬의 이중 함정이다. 관광과 지역 문화가 분리되어 있어, K-컬처를 보러 온 외국인들이 서울에만 머물고 지역의 풍부한 문화자원을 경험하지 못한다. 동시에 지역 창작자들은 글로벌 시장 접근 기회를 얻지 못해 수도권으로 이주하는 악순환이 계속된다.

넷째, 권리-복지의 사각지대다. 저작권 교육 부재로 창작자들이 정당한 대가를 받지 못하고, 이는 문화 복지의 필요성을 증대시킨다. 그러나 복지는 일시적 지원에 그칠 뿐, 근본적인 창작 생태계 개선으로 이어지지 않는다.

✳ 개별 접근의 치명적 한계

지난 20년간 정부는 수많은 문화정책을 추진했다. 한류 진흥 10개년 계획, 문화기술 R&D 혁신 방안, 지역 문화 균형발전 전략 등 거창한 청사진이 끊임없이 발표되었다. 그러나 이들은 모두 한 가지 공통된 실수를 반복했다. 바로 부분 최적화의 함정에 빠진 것이다.

2019년부터 시행된 규제샌드박스는 2024년까지 전체 632건이 승인되었지만, 문화콘텐츠 직접 관련 승인은 20건 미만에 불과하다.[82] 문화기술만 규제를 풀어준다고 해서 해결되는 게 아니기 때문이다. 콘텐츠 제작 지원, 플랫폼 구축, 해외 진출, 인재 양성이 모두 연계되어야 하는데, 각 부처가 자기 영역만 다루니 시너지가 발생하지 않는다.

더 심각한 문제는 시간차 공격이다. 문화 교육에 10년을 투자해 인재를 양성해도, 그때쯤이면 산업 트렌드가 완전히 바뀌어 있다. 2010년대 초 3D 콘텐츠 전문 인력을 대거 양성했지만, 정작 시장은 VR/AR로 옮겨갔고, 이제는 AI와 메타버스 시대가 도래했다. 개별 분야별 접근으로는 이런 급격한 변화를 따라잡을 수 없다.

✳ 통합 접근의 필연성

〈기생충〉의 글로벌 성공이 우리에게 던진 교훈은 명확하다. 스토리텔링(콘텐츠)과 영상미(기술), 글로벌 배급(유통), 문화적 보편성(확장)이 결합할 때 폭발적 시너지가 발생한다는 것이다. 〈기생충〉은 2019년 칸 영화제 황금종려상을 받으며 한국 영화 최초로 이 영예를 달성했고, 2020년 아카데미 시상식에서 작품상·감독상·각본상·국제장편영화상의 4관왕을 차지하며 전 세계 박스오피스 2억 5,800만 달러 이상의 수익을 올렸다.[83] 이 성공은 개별 요소가 아닌 통합 전략의 결과다.

통합 접근은 단순히 여러 정책을 묶는 것이 아니다. 상호 강화 메커니즘을 설계하는 것이다. K-문화 디지털 자산화(저작권 해결)가 창작자 수익을 증대시키고, 이것이 교육 투자로 이어지며, 양질의 인재가 혁신적 콘텐츠를 만들고, 이것이 다시 관광과 지역 경제를 활성화시키는 선순환 구조를 만드는 것이다.

✳ 7 Star 통합 매트릭스: 11개 문제를 7개 해법으로

11개 문제를 11개 해법으로 대응하면 자원이 분산되고 실행력이 떨어진다. 반면 너무 적은 수로 압축하면 문제의 복잡성을 제대로 다루지 못한다. 7개는 인지적 최적 규모다. 심리학자 조지 밀러(George A. Miller)의 연구에 따르면, 인간이 단기 기억에서 동시에 처리할 수 있는 정보 단위는 7±2개다.[84] 이는 정책 관리자와 국민 모두가 이해하고 기억할 수 있는 최적 규모임을 의미한다.

더 중요한 것은 7개 전략이 서로 독립적이면서도 상호보완적이라는 점이다. 각각은 명확한 목표와 실행 주체를 가지면서도, 다른 전략과 결합할 때 시너지를 낸다. 이는 마치 7개의 별이 하나의 별자리를 이루는 것과 같다.

11개 진단 분야	핵심 문제	주요 해결 전략	보조 해결 전략
1. 문화정책	부처 간 분절, 현장 괴리	Star 6(디지털 무역관)	Star 5(클러스터)
2. 문화기술	R&D 상용화 실패	Star 3(기술 스케일업)	Star 7(AI 크리에이터)
3. 문화 교육	실무 역량 부족	Star 4(국제학교)	Star 7(AI 크리에이터)
4. 문화산업 육성	영세한 지원, 내수 한계	Star 3(기술 스케일업)	Star 5(클러스터)
5. 문화 AI	데이터 주권 상실	Star 7(AI 크리에이터)	Star 1(디지털 자산화)
6. 문화예술	순수/대중 단절	Star 2(테마파크)	Star 4(국제학교)
7. 콘텐츠산업	플랫폼 종속, IP 미활용	Star 1(디지털 자산화)	Star 6(디지털 무역관)
8. 관광	체험 인프라 부족	Star 2(테마파크)	Star 5(클러스터)
9. 지역 문화	수도권 집중	Star 5(클러스터)	Star 2(테마파크)
10. 저작권	창작자 권익 미보호	Star 1(디지털 자산화)	Star 4(국제학교)
11. 문화 복지	접근성 제한	Star 4(국제학교)	Star 2(테마파크)

✳ 다중 해결 메커니즘

Star 1. K-문화 디지털 자산화는 단순히 저작권 문제만 해결하는 것이 아니다. 블록체인 기반 등록 시스템은 창작물의 소유권을 명확히 하고, 스마트 계약은 수익을 자동 분배하며, 데이터 주권을 확보한다. 이는 창작자에게 정당한 보상을 보장하여 지속 가능한 창작 활동을 가능하게 한다.

현재 스포티파이에서 100만 회 재생 시 아티스트가 받는 수익은 3,000~4,000달러에 불과하다.[85] 블록체인 기반 시스템을 도입하면 중간 유통 단계를 없애고 창작자 수익 배분율을 최소 30% 이상으로 높일 수 있다.

- 주요 해결 분야 1(콘텐츠산업): 플랫폼 종속과 IP 미활용 문제를 블록체인 기반 저작권 등록과 NFT 거래로 해결한다. 창작자가 직접 수익의 70% 이상을 가져갈 수 있는 구조를 만들어, 넷플릭스나 스포티파이에 의존하지 않는 독립적 수익 모델을 구축한다.

- 주요 해결 분야 2(저작권): 창작 즉시 블록체인 등록으로 소유권을 명확히 하고, 스마트 계약으로 2차 창작 수익까지 자동 분배한다. 이는 웹툰 작가, 음악 프로듀서, 영상 크리에이터 등 모든 창작자의 권익을 실질적으로 보호한다.

- 보조 해결 분야(문화 AI): AI가 생성한 콘텐츠의 소유권 문제를 선제적으로 해결한다. AI 협업 창작물의 저작권을 명확히 정의하고, 수익 배분 알고리즘을 투명하게 관리한다.

Star 2. K-문화 테마파크는 물리적 공간을 넘어 문화예술, 관광, 지역 문화를 하나로 묶는 융합 플랫폼이다. 2023년 유니버설 테마파크는 전 세계에서 89.5억 달러의 매출을 기록했다.[86] K-문화 테마파크도 한국 문화의 종합 체험장으로 이와 유사한 잠재력을 지니고 있다.

특히 O2O 전략을 통해 메타버스 공간과 실제 공간을 연결하면, 전 세계 K-팬들이 온라인으로 먼저 체험하고 오프라인 방문으로 이어지는 선순환이 가능하다. 이는 문화 복지 측면에서도 중요한데, 거동이 불편한 사람들도 가상으로 K-문화를 체험할 수 있기 때문이다.

1장 진단과의 연계

- 주요 해결 분야 1(문화예술): 순수예술과 대중문화의 단절을 테마파크라는 융합 공간에서 해소한다. 판소리와 K-팝이 결합한 공연, 전통 한복과 현대 패션이 만나는 전시, 서예와 디지털 아트가 융합된 체험을 제공한다.
- 주요 해결 분야 2(관광): K-드라마 촬영지 방문에 그치는 단순 관광을 넘어, 직접 드라마 주인공이 되어 장면을 재현하고 AI로 영상을 제작하는 체험형 관광으로 업그레이드한다.
- 보조 해결 분야(지역 문화): 강원의 자연 관광 콘텐츠, 전주의 한옥 체험, 부산의 영화 체험을 테마파크와 연계하여 지역 특화 관광상품을 개발한다.
- 보조 해결 분야(문화 복지): 메타버스 테마파크로 거동이 불편한 사람, 경제적 여유가 없는 사람도 K-문화를 체험할 수 있게 한다.

Star 3. K-문화기술 스케일업은 R&D의 죽음의 계곡(TRL 4~6단계)을 넘어서는 전략이다. 현재 한국의 문화기술 R&D 상용화율은 10% 미만이지만, 스케일업 전략을 통해 50% 이상으로 높일 수 있다. 핵심은 현장 중심 백워드 디자인이다. 배틀그라운드 같은 게임에 필요한 실시간 다중 플레이어 시스템과 AI 기반 적응형 난이도 조절 기술부터 역산하여 개발하고, 즉시 상용화하는 것이다. 이는 문화기술뿐만 아니라 문화산업 육성의 핵심 동력이 된다.

1장 진단과의 연계

- 주요 해결 분야 1(문화기술): R&D가 실험실에서 끝나는 문제를 백워드 디자인으로 해결한다. 현장에서 필요한 기술을 역산하여 개발하고, 개발 단계부터 사업화 파트너를 참여시켜 죽음의 계곡을 넘는다.
- 주요 해결 분야 2(문화산업 육성): 영세한 지원과 내수 한계를 글로벌 경쟁력 있는 문화기술로 돌파한다. K-무비 제작에 필요한 버추얼 프로덕션 기술, K-게임의 클라우드 게이밍 기술 등을 집중 육성하여 산업 전반의 기술 수준을 끌어올린다.

Star 4. K-문화 국제학교는 제작-기술-비즈니스를 통합 교육하는 융합형 인재 양성소다. 여기서 중요한 것은 초등학교부터 시작하는 저작권 교육이다. 창작자가 자신의 권리를 알고 지킬 수 있을 때, 건강한 창작 생태계가 만들어진다. 2024년 기준 전 세계 88개국 256개소의 세종학당에서 21만여 명이 한국어를 배우고 있는 현실을 고려하면,[87] K-문화 국제학교의 잠재 수요는 충분하다.

1장 진단과의 연계

- 주요 해결 분야 1(문화 교육): 이론 중심 교육의 현장 괴리를 실무 중심 프로젝트 기반 학습으로 해결한다. 입학 첫 학기부터 실제 K-드라마 제작에 참여하고, 웹툰 플랫폼에 작품을 연재하며, 글로벌 기업과 협업 프로젝트를 수행한다.
- 주요 해결 분야 2(문화 복지): 경제적 배경과 무관하게 재능 있는 학생을 선발하고 전액 장학금을 제공한다. 전 세계 어디서

든 온라인으로 입학시험을 치르고, 선발되면 한국에서 무상 교육을 받는다.

- 보조 해결 분야(문화예술): 순수예술과 대중문화를 융합하는 교육과정을 통해 차세대 창작자를 양성한다.
- 보조 해결 분야(저작권): 초등학교부터 저작권 교육을 의무화하여, 창작자가 자신의 권리를 이해하고 보호할 수 있는 기본 소양을 갖추게 한다.

Star 5. K-문화산업 클러스터는 창작-제작-유통이 한 곳에서 이루어지는 혁신 생태계다. 수도권에 종합 클러스터를, 지역별로 특화 클러스터를 조성하여 지역균형발전과 산업 육성을 동시에 달성한다. 부산은 영화, 전주는 전통문화, 대구는 패션, 광주는 미디어아트, 춘천은 애니메이션, 청주는 K-뷰티로 특화하면, 각 지역이 경쟁이 아닌 협력 관계를 구축할 수 있다.

1장 진단과의 연계

- 주요 해결 분야(지역 문화): 수도권 집중 문제를 각 지역의 고유한 문화자원과 산업 특성을 살린 특화 클러스터로 해결한다. 강원은 자연 관광 콘텐츠와 드라마 촬영지 중심으로, 충북은 K-뷰티 생산과 전통문화(청주 직지) 중심으로 발전시킨다.
- 보조 해결 분야(문화산업 육성): 지역 클러스터가 글로벌 수준의 제작 인프라를 갖추면, 영세한 지원 문제가 해결된다.
- 보조 해결 분야(관광): 클러스터 자체가 관광 명소가 되어, K-

팬들이 실제 제작 현장을 방문하고 체험하는 문화 관광을 활성화한다.

- 보조 해결 분야(문화정책): 지역 클러스터가 중앙정부의 분절된 정책을 현장에서 통합·실행하는 허브 역할을 한다.

Star 6. K-문화 디지털 무역관은 현재 30개국 35개의 재외 한국문화원을 업그레이드하여, B2B 매칭부터 계약·결제까지 원스톱으로 처리한다. NFT 기반 디지털 콘텐츠 거래소와 스테이블 코인 결제 시스템을 도입하면, 국경 없는 문화 무역이 가능해진다. 2023년 K-콘텐츠 수출액 133억 달러를 2030년까지 300억 달러로 확대하는 것이 현실적 목표가 된다.[88]

1장 진단과의 연계

- 주요 해결 분야(문화정책): 부처 간 칸막이와 현장 괴리를 디지털 무역관이라는 통합 창구로 해결한다. 문체부·외교부·산업부의 해외 문화 지원사업을 하나의 플랫폼에서 통합 운영하여 현장의 혼란을 없앤다.
- 보조 해결 분야(콘텐츠산업): 플랫폼 종속 문제를 자체 글로벌 유통망 구축으로 해결한다. 넷플릭스, 디즈니플러스만 의존하지 않고, 우리가 직접 해외 바이어와 거래하는 B2B 플랫폼을 운영한다.

Star 7. K-문화 AI 크리에이터는 창작자가 AI를 최강의 비서로 활용하는 전략이다. 그러면 생산성이 10배 이상 향상되고, 이는 곧

콘텐츠의 양적·질적 성장으로 이어진다. 전국 17개 시도에 설치될 AI 크리에이터 센터는 지역별 특화 교육을 제공한다. AI를 활용한 지역 특화 콘텐츠를 개발하고 서비스하여 지역 문화자원과 첨단 기술의 결합을 추진한다.

1장 진단과의 연계

- 주요 해결 분야(문화 AI): 데이터 주권 상실 문제를 한국어 특화 AI 모델 개발로 해결한다. 네이버 하이퍼클로바X, 카카오 KoGPT를 활용한 K-컬처 전용 AI를 만들어, 창작 데이터가 해외로 유출되지 않고 국내에 축적되게 한다.
- 보조 해결 분야(문화기술): AI 기술을 창작 현장에 즉시 적용하여 R&D 상용화율을 높인다.
- 보조 해결 분야(문화 교육): AI 활용 역량을 모든 창작자의 기본 소양으로 만든다. 대전의 과학기술 인프라를 활용해 AI 교육을 강화하고, 세종의 스마트시티 기술과 결합한 문화기술 교육을 진행한다.

✳ 시너지 창출 메커니즘: 7개의 별이 만드는 별자리

7개 프로젝트는 독립적으로 운영되면서도 서로를 강화하는 수평적 시너지를 창출한다.

디지털 자산화와 AI 크리에이터의 결합: AI가 생성한 콘텐츠도 블록체인에 등록되어 저작권을 보호받고, 스마트 계약으로 수익이 자동 분배된다. 이는 AI 시대의 새로운 창작 생태계 모델이 된다.

테마파크와 클러스터의 상호작용: 테마파크는 클러스터에서 개발된 콘텐츠와 기술을 선보이는 쇼케이스가 되고, 클러스터는 테마파크 운영에 필요한 콘텐츠를 지속적으로 공급한다.

국제학교와 디지털 무역관의 연계: 국제학교 졸업생들이 디지털 무역관의 현지 전문가로 활동하며, 무역관은 학생들의 해외 인턴십과 취업을 지원한다.

7개 프로젝트는 창작-제작-유통-소비의 가치사슬을 완성한다. 창작 단계에서 AI 크리에이터 센터와 국제학교가 창의적 인재를 양성하고, 디지털 자산화가 창작물을 보호한다. 제작 단계에서 클러스터가 제작 인프라를 제공하고, 기술 스케일업이 혁신적 제작 도구를 공급한다. 유통 단계에서 디지털 무역관이 글로벌 유통을 담당하고, 테마파크가 오프라인 체험을 제공한다. 소비 단계에서 모든 프로젝트가 만들어낸 콘텐츠와 경험이 최종 소비자에게 전달되고, 그 데이터가 다시 창작 단계로 피드백된다.

✳ 왜 7개인가:
실행 가능성과 임팩트의 균형

인간의 정보 처리 능력을 고려할 때, 7개는 최적의 숫자다. 11개는 너무 많아 관리가 어렵고, 5개는 너무 적어 포괄성이 떨어진다. 7개는 정책 입안자, 실행 주체, 국민 모두가 이해하고 기억할 수 있는 최적 규모다.

총 10조 원의 예산을 11개 분야에 균등 배분하면 각 9,000억 원이지만, 7개 프로젝트에 집중하면 평균 1조 4,000억 원을 투입할 수 있다. 이는 글로벌 경쟁력을 갖춘 대규모 프로젝트를 가능하게 한다.

7개 프로젝트는 각각 명확한 실행 주체를 갖는다. 디지털 자산화는 한국저작권위원회와 블록체인 기업이, 테마파크는 문화체육관광부와 민간 운영사가, 기술 스케일업은 한국콘텐츠진흥원과 연구기관이, 국제학교는 교육부와 한국예술종합학교가, 클러스터는 지방자치단체와 민간기업이, 디지털 무역관은 KOTRA와 재외한국문화원이, AI 크리에이터는 문화체육관광부와 AI 기업이 담당한다.

세계적으로 성공한 문화정책들도 대부분 5~10개의 핵심 프로젝트로 구성된다. 영국 '크리에이티브 브리튼'은 9개 핵심 분야, 일본 '쿨 재팬'은 6개 전략 분야, 중국 '문화강국 2035'는 8개 중점 프로젝트다. 7개는 국제적으로도 검증된 적정 규모다.

11개 부처가 참여하는 회의는 조정이 불가능하지만, 7개 프로젝트 책임자가 모이는 회의는 생산적 논의가 가능하다. 총리실 직속 K-문화전략위원회가 7개 프로젝트를 통합 관리하면, 신속한 의사결정과 유연한 대응이 가능해진다. 7은 또한 홀수여서 투표를 통한 민주적 의사결정이 가능하다. 따라서 교착 상태 없이 명확한 방향을 설정할 수 있다.

✳ 복잡성을 단순함으로, 분절을 통합으로

11개 진단에서 7개 전략으로의 전환은 단순한 숫자 줄이기가 아니다. 이는 K-문화의 복잡한 문제를 체계적으로 분석하고, 실행 가능한 해법으로 재구성하는 전략적 설계다.

각 문제를 개별적으로 접근했을 때는 보이지 않던 연결고리가, 7개 통합 전략으로 묶이면서 선명해진다. 디지털 자산화가 창작자 권익을 보호하고, 이것이 양질의 콘텐츠 생산으로 이어지며, 테마파크와 클러스터가 이를 산업화하고, 디지털 무역관이 세계로 확산시키는 선순환 구조가 완성되는 것이다.

무엇보다 중요한 것은 이 7개 전략이 실행 가능하다는 점이다. 각각은 구체적인 목표·예산·실행 주체·성과 지표를 갖추고 있다. 이는 공허한 청사진이 아니라, 당장 내일부터 시작할 수 있는 액션 플랜이다.

K-문화가 해외 자본의 도구가 되는 것이 아니라, 우리가 주도하는 글로벌 문화 플랫폼이 되려면, 지금 당장 통합 전략을 실행해야 한다. 11개의 문제를 7개의 별로 바꾸는 것, 그것이 K-문화 글로벌 산업화의 첫걸음이다.

13 K-문화 디지털 자산화: 데이터 주권 확보 및 스마트 계약 기반 자동 로열티 배분

───────✳ 성공의 역설:
데이터 주권을 잃어가는 K-컬처

K-컬처의 세계적 성공이 역설적으로 우리에게 던지는 질문이 있다. 블랙핑크의 〈How You Like That〉이 유튜브에서 10억 뷰를 돌파했을 때, 그 시청 데이터는 누가 소유하고 있는가? 넷플릭스에서 〈킹덤〉을 본 전 세계 시청자의 시청 패턴과 선호도 데이터는 어디에 축적되고 있는가?

답은 명확하다. 각각 구글과 넷플릭스다. 우리가 만든 콘텐츠로 발생한 데이터를 우리는 소유하지 못하고, 오히려 해외 플랫폼으로부터 역구매해야 하는 모순적 상황에 놓여 있다. 이것이 바로 K-컬처가 직면한 '성공할수록 빈곤해지는 구조'의 핵심이다.

더 심각한 문제는 수익 구조다. 2024년 스포티파이는 전 세계 음악산업에 약 100억 달러의 로열티를 지급했다.[89] 그러나 개별 아티스트가 받는 몫은 여전히 미미하다. 스포티파이의 스트림당 평균 로열티는 0.003~0.005달러 수준으로, 100만 번 재생되어도 3,000~5,000달러에 그치고, 그나마 이 수익도 기획사, 작곡가, 프로듀서 등과 나눠야 한다.[90] 플랫폼은 막대한 수익을 올리지만, 창작자의 몫은 점점 줄어든다.

✳ 사람 중심 K-컬처의 구조적 한계

K-컬처의 힘은 '사람'에서 나온다. 방시혁이 하이브를 만들 수 있었던 것도, 봉준호 감독이 오스카를 휩쓸 수 있었던 것도 모두 한국인 특유의 정서와 창의성 덕분이다. 그러나 이 '사람 중심성'이 곧 한계가 되고 있다.

첫째, 아티스트가 은퇴하거나 활동을 중단하면 그들의 노하우와 경험이 사라진다. 故 신해철의 음악적 실험정신, 故 김광석의 감성은 어떻게 전수되고 있는가? 우리는 그들의 창작 과정과 노하우를 체계적으로 디지털화하지 못했다.

둘째, 불법 복제와 무단 사용이 만연하다. 중국의 한 플랫폼에서는 〈나 혼자만 레벨업〉, 〈외모지상주의〉 같은 한국 웹툰 수백 편이 무단으로 번역·유통되고 있지만, 저작권자는 이를 일일이 추적하고 대응하기 어렵다. 인도네시아에서는 K-푸드 모조품이, 동남아 전역에서는 K-뷰티 짝퉁이 버젓이 유통된다.

셋째, 수익 분배가 불투명하고 비효율적이다. 음원 하나가 전 세계에서 재생될 때마다 발생하는 수익이 어떻게 분배되는지, 창작자는 정확히 알 수 없다. 중간 유통 단계가 많을수록 창작자의 몫은 줄어든다.

✳ 1장 진단과의 연계

이 프로젝트는 1장에서 진단한 제7장(콘텐츠산업의 플랫폼 종속 심화)와 제10장(K-컬처 저작권 보호 체계의 구조적 취약성)을 집중 해결한다.

콘텐츠산업의 플랫폼 종속 심화(주요 해결 분야 1)

- 문제점: K-컬처 콘텐츠로 발생한 데이터를 해외 플랫폼이 독점하고, 창작자는 수익의 극히 일부만 받는 구조. 플랫폼 수수료는 전체 수익의 30~50%에 달하며, 중간 유통 단계마다 추가 수수료가 발생한다.
- 해결책: 블록체인 기반 '한국형 문화 데이터 플랫폼' 구축으로 데이터 주권 확보 및 창작자 직거래 체계 마련. 스마트 계약을 통해 중간 유통 단계를 제거하고, 수익이 창작자에게 직접 분배되는 구조를 만든다.
- 예상 효과: 2030년까지 해외 플랫폼 수수료 50% 절감(중간 유통 단계 제거), 창작자 직접 수익 150~200% 증가(직거래 체계 확립).

K-컬처 저작권 보호 체계의 구조적 취약성(주요 해결 분야 2)

- 문제점: 불법 복제·무단 사용 만연, 권리 관계 불투명, 로열티

분배 비효율. 현재 로열티 정산은 분기별 또는 반기별로 이뤄지며, 권리자 추적에 평균 3~6개월이 소요된다.

- 해결책: 블록체인 기반 저작권 등록 시스템 구축 및 스마트 계약을 통한 자동 로열티 분배. 모든 콘텐츠를 블록체인에 등록하여 창작 시점·창작자 정보·권리 관계를 투명하게 기록하고, 이용 즉시 자동 정산한다.
- 예상 효과: 불법 복제로 인한 손실 80% 감소(블록체인 기반 추적), 권리 분쟁 70% 감소(권리 관계 명확화), 로열티 정산 기간 90% 단축(분기별 → 실시간).

또한 제5장(문화 AI 육성 전략의 부재)에도 긍정적 파급효과를 미친다. AI 기반 창작 과정 디지털화 및 메타데이터 축적은 차세대 문화 AI 학습 데이터로 활용되어, K-컬처 고유의 창작 노하우를 AI에 학습시킬 수 있는 기반이 된다.

✳ 디지털 자산화, 왜 지금인가?

2025년 현재, 블록체인과 웹 3.0 기술은 이미 충분히 성숙했다. 이더리움 2.0은 거래 속도와 에너지 효율을 획기적으로 개선했고, NFT 시장은 초기 투기 열풍을 지나 실용적 활용 단계에 접어들었다. 특히 스마트 계약 기술은 복잡한 로열티 분배를 자동화할 수 있는 수준에 도달했다.

K-컬처 디지털 자산화의 핵심은 세 가지다.

첫째, 창작 과정의 체계적 디지털화다. 안무가가 춤을 창작하는 과정, 작곡가가 멜로디를 만드는 과정, 웹툰 작가가 스토리를 구상하는 과정을 모션 캡처, AI 분석, 메타데이터 태깅 등을 통해 디지털 데이터로 변환한다. 이는 단순한 기록이 아니라, 후배 아티스트들이 학습하고 발전시킬 수 있는 '지식 자산'이 된다.

둘째, 블록체인 기반 저작권 관리 시스템 구축이다. 모든 K-컬처 콘텐츠를 블록체인에 등록하여 창작 시점·창작자 정보·권리 관계를 투명하게 기록한다. 학계에서는 이미 블록체인 기술과 저작권 제도의 접점에 대한 연구가 활발히 진행되고 있다.[91] 정부 차원에서도 이를 조속히 실용화해야 한다.

셋째, 스마트 계약을 통한 자동 로열티 분배다. 콘텐츠가 이용될 때마다 사전에 정해진 비율에 따라 수익이 자동으로 분배된다. 예를 들어, 세븐틴의 노래가 스트리밍되면 작곡가 30%, 작사가 20%, 편곡자 10%, 소속사 25%, 멤버들 15%로 즉시 분배되는 식이다. 중간 정산 과정이 없어지고, 투명성이 보장된다.

✳ K-컬처 스테이블 코인의 필요성

현재 K-컬처 거래의 대부분이 달러로 이뤄진다. 환율 변동으로 인한 손실도 적지 않다. 2024년 원-달러 환율은 1,100~1,400원 사이에서 20% 이상 변동했다. 이는 수출 기업에 직접적인 손실을 초래한다.

K-컬처 전용 스테이블 코인 'K-코인(K-COIN, 가칭)' 도입이 필요

한 이유다. 한국은행이 2025년 현재 추진 중인 CBDC(중앙은행 디지털 화폐) '프로젝트 한강'의 기술 기반을 활용하되, K-컬처 생태계에 특화된 별도의 목적형 디지털 화폐를 만들어야 한다.

✳ K-코인의 핵심 구조와 기능

K-코인은 단순한 결제 수단이 아니라 K-컬처 생태계 전반을 혁신하는 인프라다. 엄밀한 의미의 CBDC는 아니며, 정부가 주도하되 K-컬처산업에 특화된 '준공적 목적형 스테이블 코인'으로 분류된다. 구체적 발행 구조는 다음과 같다.

첫째, 발행 주체는 문화체육관광부 산하에 신설되는 'K-컬처디지털자산관리원'(가칭)이다. 한국은행은 기술 자문 및 인프라 지원을 담당하며, 직접적인 화폐 발행 주체는 아니다. K-코인은 발행량만큼의 원화를 한국은행 또는 지정 금융기관에 예치하여 1:1 가치를 보장하는 '담보형 스테이블 코인' 방식으로 운영된다. 초기에는 정부 지원 K-컬처 플랫폼 내에서만 유통을 제한하여 용도 외 사용을 방지하고, 향후 기술 발전과 제도 정비에 따라 점진적으로 확대한다.

둘째, 스마트 계약 기능을 내장한다. K-코인으로 거래되는 모든 K-컬처 콘텐츠는 자동으로 로열티가 분배된다. 예를 들어, 드라마 〈경이로운 소문〉을 K-코인 100개로 구매하면, 즉시 각본가 20개, 연출자 15개, 배우들 30개, 제작사 25개, 플랫폼 10개로 자동 분배된다.

셋째, 국경 간 실시간 결제가 가능하다. 미국 팬이 K-팝 콘서트 티켓을 K-코인으로 구매하면, 환전 수수료 없이 즉시 한국 기획사에 입금된다. 기존 신용카드 결제 시 3~5%의 수수료가 발생하지만, K-코인은 0.1% 수준으로 축소된다.

넷째, 투명성이 보장된다. 모든 거래가 블록체인에 기록되어 누구나 열람할 수 있다. 단, 개인정보는 암호화되어 보호된다.

✳ K-코인 활용 시나리오

실제 K-컬처산업에서 K-코인이 어떻게 작동하는지 구체적 시나리오를 살펴보자.

시나리오 1: 웹툰 작가의 글로벌 수익화: 충북 청주의 신인 웹툰 작가가 〈신의 탑〉 스타일의 판타지 웹툰을 K-코인 기반 플랫폼에 등록한다. 태국·베트남·인도네시아 팬들이 K-코인으로 유료 회차를 구매하면, 즉시 작가 계좌에 70%, 플랫폼에 30%가 자동 분배된다. 기존 달러 결제 대비 환전 수수료 3%와 중간 유통 마진 15%가 절감되어, 작가는 실질 수익이 약 18~20% 증가한다.

시나리오 2: 게임 개발사의 국제 거래: 대전의 중소 게임 개발사가 〈로스트아크〉 스타일의 MMORPG를 출시한다. 글로벌 퍼블리셔와의 계약, 인앱 결제, 로열티 정산이 모두 K-코인으로 처리된다. 기존에는 분기별로 정산되던 로열티가 실시간으로 입금되고, 환율 변동 리스크도 사라진다.

시나리오 3: K-푸드 프랜차이즈의 해외 확장: 전북 전주의 비빔밥 프랜차이즈가 동남아 5개국에 진출한다. 가맹점 관리, 로열티 징수, 식재료 수입 대금이 모두 K-코인으로 처리된다. 기존 송금 대비 수수료가 80% 절감되고(3~10% → 0.1%), 정산 기간이 1주일에서 1시간으로 단축된다.

✳ K-코인 도입의 기대 효과

K-코인이 본격 도입되면 다음과 같은 효과가 기대된다.

첫째, 환율 리스크가 사라진다. 원화와 1:1 페깅되어 환율 변동에 따른 손실이 발생하지 않는다.

둘째, 거래 수수료가 획기적으로 줄어든다. 기존 신용카드 결제 시 3~5%, 해외 송금 시 3~10%의 수수료가 발생하지만, K-코인은 0.1% 수준으로 축소된다.

셋째, 국경 간 거래가 실시간으로 가능하다. 기존 해외 송금은 1~3일이 소요되지만, K-코인은 수 초 내에 완료된다.

넷째, 모든 거래가 블록체인에 기록되어 투명성이 보장된다. 세금 탈루나 불법 거래가 원천 차단된다.

다섯째, K-컬처 생태계 전반이 활성화된다. 창작자는 더 많은 수익을 올리고, 팬들은 더 저렴하게 콘텐츠를 즐길 수 있다.

✳ K-코인 도입의 법적·제도적 과제

K-코인이 실현되려면 법적·제도적 정비가 선행되어야 한다.

첫째, 문화산업진흥기본법 개정이 필요하다. K-컬처디지털자산관리원 설립 근거와 K-코인 발행 권한을 명시해야 한다.

둘째, 전자금융거래법 개정이 필요하다. 현행법은 민간 스테이블 코인과 CBDC만을 상정하고 있어, 준공적 목적형 디지털 화폐인 K-코인의 법적 지위를 명확히 규정해야 한다.

셋째, 외국환거래법 특례 적용이 필요하다. K-코인을 활용한 국경 간 K-컬처 거래가 외환 규제에 저촉되지 않도록 문화산업 특례를 인정해야 한다.

넷째, 조세특례제한법 개정이 필요하다. K-코인 거래에서 발생한 소득에 대한 과세 기준을 명확히 하고, K-컬처 창작자에게는 세제 혜택을 부여해야 한다.

다섯째, 개인정보보호법 준수 체계를 마련해야 한다. 블록체인의 투명성과 개인정보보호를 양립시킬 수 있는 기술적·제도적 방안이 필요하다. 한국은행의 CBDC 프로젝트에서 연구 중인 개인정보보호 기술을 K-코인에도 적용할 수 있다.

실제로 국내 엔터테인먼트 기업들도 블록체인 기술 도입을 적극 검토하고 있다. SM엔터테인먼트 계열사 SM브랜드마케팅은 2022년 2월 글로벌 가상자산거래소 바이낸스와 블록체인 및 NFT 구축 관련 업무협약을 체결했다.[92] 이러한 시도들이 본격화되면 콘서트 티켓, 굿즈 거래 등에서 중간 수수료를 절감하고 팬들과 직접 소통할 수 있는 새로운 생태계가 조성될 것으로 기대된다.

✳ 데이터 주권 확보 전략

K-컬처 데이터 주권을 확보하기 위해서는 '한국형 문화 데이터 플랫폼' 구축이 시급하다. 정부가 주도하되, 민간이 운영하는 형태가 바람직하다.

이 플랫폼은 세 가지 기능을 수행해야 한다. 첫째, 데이터 수집과 분석이다. K-컬처 콘텐츠가 전 세계에서 소비되는 모든 데이터를 수집하고 분석한다. 유튜브, 스포티파이, 넷플릭스 등과 데이터 공유 협약을 맺되, 우리도 자체 데이터를 축적해야 한다.

둘째, 창작자 직접 지원이다. 데이터 분석 결과를 창작자에게 직접 제공하여, 다음 작품 기획에 활용할 수 있도록 한다. 이때 창작자는 어느 지역에서 어떤 콘텐츠가 인기 있는지, 팬들이 무엇을 원하는지 실시간으로 파악할 수 있다.

셋째, 공정한 수익 분배다. 플랫폼을 통해 발생한 수익을 투명하고 공정하게 분배한다. 블록체인과 스마트 계약을 활용하여 중간 착취 없는 직거래 구조를 만든다.

✳ 프로젝트 규모 및 예산

- 사업 기간: 5년
- 총예산: 1조 원
- 예산 산출 근거:
  - 블록체인 플랫폼 개발: 3,800억 원(핵심 인프라, 스마트 계약 시

스템, 보안 체계).

- 데이터센터 및 서버 인프라: 2,500억 원(클라우드 환경, 백업 시스템).
- K-코인 발행 및 관리 시스템: 1,200억 원(한국은행 CBDC 기술 연동, 담보 관리 시스템, 결제 게이트웨이).
- 창작자 지원 및 교육: 800억 원(디지털화 지원, 교육 프로그램).
- 글로벌 파트너십 구축: 900억 원(해외 플랫폼 연동, 법률 자문).
- 마케팅 및 홍보: 800억 원(국내외 인지도 제고).

• 재원 조달: 정부 예산 6,500억 원(과기부, 문체부 공동), 민간투자 3,500억 원(엔터사, IT 기업).

• 제도적 선행 과제:

- 문화산업진흥기본법 개정(K-컬처디지털자산관리원 설립 근거).
- 전자금융거래법 개정(준공적 목적형 디지털 화폐 법적 지위 명시).
- 외국환거래법 특례 규정 신설.

• 예상 효과:

- 창작자 직접 수익 150~200% 증가(중간 유통 단계 제거 및 플랫폼 수수료 절감).
- 해외 플랫폼 수수료 50% 절감(블록체인 기반 직거래).
- 불법 복제 손실 80% 감소(블록체인 기반 추적 및 단속).
- 신규 일자리 5만 개 창출(블록체인 개발자 1만 명, 데이터 분석가 1.5만 명, 법률·회계 전문가 5,000명, 플랫폼 운영 인력 2만 명).
- 연간 K-컬처 수출 10조 원 증대(2030년 목표, 2024년 대비 약 70% 증가).

✳ 실행 로드맵

K-문화 디지털 자산화는 단계적으로 추진해야 한다.

1단계(2027년)는 파일럿 프로젝트 실시다. K-팝 1개 그룹, 웹툰 10개 작품, K-드라마 5편을 대상으로 디지털 자산화를 시범 실시한다. 블록체인 등록, 스마트 계약 작성, NFT 발행 등 전 과정을 테스트한다.

2단계(2028년)는 플랫폼 구축이다. 가칭 '한국문화데이터거래소'를 설립한다. 초기에는 국내 거래 중심으로 운영하되, 점차 해외로 확대한다. K-코인도 이 시기에 정식 발행한다.

3단계(2029년)는 글로벌 확산이다. 해외 주요 플랫폼과의 연동을 완료하고, K-컬처 디지털 자산의 글로벌 유통을 본격화한다. 동남아, 중남미, 중동 등 K-컬처 열풍 지역부터 순차적으로 진출한다.

과학기술정보통신부와 한국인터넷진흥원은 이미 2024년부터 블록체인 민간분야 집중·확산사업을 통해 기반을 다지고 있다.[93]

✳ 기대 효과와 도전 과제

K-문화 디지털 자산화가 성공하면, 2030년까지 창작자 직접 수익 150~200% 증가, 불법 복제로 인한 손실 80% 감소, 해외 플랫폼 수수료 50% 절감, K-컬처 데이터 주권 확보, 신규 일자리 5만 개 창출이 가능하다. 창작자 수익 증가는 블록체인 기반 직거래 구조 확립으로 중간 유통 단계(약 30~40% 마진)가 제거되고, 플랫폼 수수료

(30~50%)가 대폭 절감됨에 따라 실현 가능한 목표다.

하지만 넘어야 할 산도 많다. 첫째, 기존 유통 구조의 저항이다. 현재 기획사와 유통사들은 기존 구조에서 상당한 수익을 올리고 있어, 투명한 직거래 구조로의 전환에 소극적일 수 있다. 이를 극복하기 위해서는 파일럿 프로젝트를 통해 신규 수익 모델의 실효성을 입증하고, 기존 사업자도 참여할 수 있는 점진적 전환 방안을 마련해야 한다.

둘째, 기술적 난제다. 블록체인 기술은 성숙했으나, K-코인과 같은 준공적 목적형 디지털 화폐는 국내외 선례가 많지 않다. 한국은행의 CBDC 기술 기반을 활용하되, K-컬처산업의 특수성을 반영한 독자적 시스템 설계가 필요하다.

셋째, 국제표준과의 호환성이다. K-코인이 글로벌 시장에서 통용되려면 주요 국가의 CBDC 및 국제 결제 시스템과의 연동이 필수다. 이를 위해 초기 단계부터 국제표준을 준수하고, 주요국 중앙은행과의 협력 체계를 구축해야 한다.

넷째, 개인정보보호 문제다. 블록체인의 투명성과 개인정보보호는 상충될 수 있다. 한국은행이 프로젝트 한강에서 연구 중인 영지식 증명(Zero-Knowledge Proof) 등 프라이버시 보호 기술을 K-코인에도 적극 도입해야 한다.

✳ 마무리:
주권 없는 성공은 신기루다

K-컬처의 진정한 성공은 단순히 조회 수나 차트 순위가 아니다. 우리가 만든 가치를 우리가 소유하고, 그 수익을 창작자가 공정하게 나눠 갖는 것이다.

디지털 자산화는 선택이 아닌 필수다. 늦으면 늦을수록 해외 플랫폼 종속은 심화되고, 창작자의 권리는 축소된다. 100년 전, 우리는 국권을 잃었다. 21세기에는 데이터 주권을 잃을 수 없다. K-컬처 디지털 자산화는 단순한 기술 프로젝트가 아니라, 문화 주권을 지키는 독립운동이다.

K-문화 테마파크:
O2O 융복합 몰입·거주형 체험 공간

---✲ 글로벌 테마파크 시장과 K-컬처의 기회

2023년 플로리다 올랜도의 매직 킹덤은 1,772만 명이 방문하여 세계 테마파크 중 1위를 차지했고, 캘리포니아 디즈니랜드가 1,725만 명으로 2위를 기록했다.[94] 세계 최대 규모 테마파크들이 창출하는 경제적 가치와 문화적 영향력을 보여주는 지표는 이렇게 놀랍다. 디즈니가 2023년 9월 향후 10년간 600억 달러(약 80조 원)를 테마파크 부문에 투자하겠다고 발표한 것도,[95] 유니버설이 에픽 유니버스에 약 70억 달러(약 9조 7,000억 원)를 투입한 것도 테마파크산업의 무한한 가능성을 증명한다.

한국 최대 테마파크인 에버랜드와 롯데월드의 2023년 영업이익은 각각 660억 원, 454억 원이었다.[96] 글로벌 테마파크들의 수익 규모와 비교하면 초라한 수준이다. 더 큰 문제는 이들 테마파크가 K-

컬처의 세계적 인기를 제대로 활용하지 못하고 있다는 점이다.

✳ K-컬처 관광의 폭발적 성장

2024년 기준 방한 외국인 관광객은 1,637만 명으로 코로나 19 이전인 2019년의 94% 수준으로 회복되었다.[97] 이러한 급격한 성장의 배경에는 K-컬처가 있다. 글로벌 소셜 미디어 분석 결과, K-팝, K-푸드, K-뷰티, K-콘텐츠 순으로 이용자들의 관심을 받고 있다.[98] 한편, 외국인이 방한을 고려하는 주요 요인으로 음식 관광이 59.9%로 1위를 차지했다.[99]

그러나 정작 한국을 찾은 외국인 관광객들이 K-컬처를 종합적으로 체험할 수 있는 공간은 없다. K-팝 팬이 한국에 와도 가수를 직접 만날 수 없고, 드라마 촬영지를 찾아가도 단순히 장소만 확인하고 돌아간다. K-뷰티 체험은 명동의 화장품 가게에서, K-푸드는 개별 식당에서 따로따로 경험해야 한다.

✳ 디즈니와 유니버설이 주는 교훈

미국의 디즈니랜드와 유니버설 스튜디오는 단순한 놀이공원이 아니다. 이들은 자국의 문화콘텐츠를 전 세계에 수출하는 플랫폼이자, 막대한 경제적 가치를 창출하는 산업 기반이다. 유니버설 스튜디오 재팬은 2023년 기준 연간 1,600만 명이 방문하여 일본 관광

산업의 핵심축으로 자리 잡았다.[100]

이들 테마파크의 성공 비결은 명확하다. 첫째, 자국의 문화콘텐츠를 테마파크라는 물리적 공간에 완벽하게 구현했다. 둘째, 볼거리, 놀 거리, 먹거리, 살 거리를 유기적으로 연결하여 하나의 완결된 경험을 제공한다. 셋째, 지속적인 투자와 혁신을 통해 재방문율을 높였다. 컴캐스트의 2022년 4분기 테마파크 부문은 전체 영업이익의 약 44%를 차지할 정도로 높은 수익성을 보였다.[101]

한국도 이제 K-컬처 테마파크를 통해 이러한 선순환 구조를 만들어갈 수 있다. K-팝 콘서트장, K-드라마 세트장, K-푸드 체험관, K-뷰티 스파, 한글 교육센터, 태권도 수련장 등을 한 곳에 집약시켜 외국인 관광객들이 K-컬처의 모든 것을 체험할 수 있는 공간을 조성하는 방안을 모색할 필요가 있다.

✳ 1장 진단과의 연계

이 프로젝트는 1장에서 진단한 문화예술 생태계 및 관광산업 문제를 집중 해결한다.

문화예술 생태계(주요 해결 분야 1)

- 문제점: 한국의 문화예술은 공연·전시 중심의 단발성 이벤트에 머물러 지속 가능한 수익 구조를 만들지 못하고 있다. 창작자들은 불안정한 수입에 시달리고, 관객들은 파편화된 경험만을 하게 된다.

- 해결책: K-컬처 테마파크는 공연·전시·교육·체험을 융합한 365일 운영 플랫폼이다. 테마파크 내 상주 공연단, 전시 기획팀, 교육 강사진을 두어 창작자들에게 안정적 일자리를 제공하고, 관객들에게는 언제든 방문할 수 있는 문화공간을 제공한다. K-팝 아티스트의 홀로그램 공연, K-드라마 배우들의 팬미팅, 전통공예가의 실시간 작업 시연 등을 통해 문화예술을 일상적이고 접근 가능한 경험으로 만든다.
- 예상 효과: 연간 300만 명 방문 시 문화예술 종사자 2,000명에게 안정적 일자리 제공. 창작자 평균 수입 40% 증가 예상.

관광산업(주요 해결 분야 2)

- 문제점: 한국 관광은 단순 방문에 그쳐 체류 기간이 짧고 소비 지출이 낮다. 관광 콘텐츠가 분산되어 있어 관광객들은 여러 곳을 이동해야 하며, K-컬처를 종합적으로 체험할 수 있는 핵심 거점이 없다.
- 해결책: K-컬처 테마파크는 K-컬처의 모든 요소를 한 곳에 집약한 원스톱 체험 공간이다. 숙박 시설을 함께 조성하여 최소 2박 3일 이상 체류를 유도하고, 테마파크 내에서 K-팝 공연, K-푸드 체험, K-뷰티 스파, 한글 교육, 태권도 수련 등을 모두 경험할 수 있게 한다. 지역별 특화 테마파크를 네트워크로 연결하여 전국 순회 관광을 유도한다.
- 예상 효과: 외국인 관광객 평균 체류 기간 5.5일에서 8일로 증가. 1인당 관광 지출 1,800달러에서 2,500달러로 39% 증가 예상.

또한, 지역 문화 균형발전과 문화 복지에도 긍정적 파급효과를 미친다. 테마파크가 지역에 조성되면 지역 문화콘텐츠가 활성화되고, 지역 주민들도 저렴한 요금으로 테마파크를 이용하며 문화 향유 기회를 확대할 수 있다.

✳ 프로젝트 규모 및 예산

- 사업 기간: 5년
- 총예산: 1조 원
- 예산 산출 근거:
  - 부지 매입 및 조성: 3,000억 원(수도권 20만㎡ 기준).
  - 테마파크 건설: 4,000억 원(어트랙션, 공연장, 체험관, 숙박 시설 등).
  - 콘텐츠 개발: 1,500억 원(IP 라이선싱, 프로그램 개발, 기술 투자).
  - 운영 인프라: 1,000억 원(IT 시스템, 마케팅, 인력 채용).
  - 예비비: 500억 원
- 예상 효과:
  - 경제적 효과: 연간 방문객 300만 명 기준, 직접 매출 3,000억 원, 간접 경제효과 1조 원 이상.
  - 일자리 창출: 직접 고용 2,000명, 간접 고용 5,000명.
  - 관광 수지 개선: 연간 외화 수입 5억 달러 증가.
  - 지역 경제 활성화: 테마파크 주변 상권 활성화로 지역 GDP 15% 증가.

✳ O2O 융복합 전략의 필요성

K-컬처 테마파크는 단순히 오프라인 공간만으로는 완성될 수 없다. 온라인과 오프라인을 융합한 O2O 전략이 필수적이다. K-컬처 팬들은 전 세계에 흩어져 있고, 이들 모두가 한국을 방문할 수는 없기 때문이다.

온라인 K-컬처 테마파크를 통해 전 세계 팬들이 가상으로 한국 문화를 체험하고, 이를 계기로 실제 방한으로 이어지게 해야 한다. 메타버스 기술을 활용한 가상 콘서트, AI 기반 개인 맞춤형 K-뷰티 상담, 실시간 K-푸드 쿠킹 클래스 등을 온라인으로 제공하고, 이를 통해 형성된 관심과 욕구를 오프라인 방문으로 연결시키는 것이다.

✳ 사람 중심의 체험 설계

K-컬처 테마파크의 핵심은 기술이 아니라 사람이다. K-컬처가 전 세계적으로 사랑받는 이유는 한국인의 정서와 감성, 그리고 사람 대 사람의 진정성 있는 소통이 담겨 있기 때문이다.

K-팝 존에서는 단순히 음악을 듣는 것이 아니라, 실제 안무를 배우고, 오디션에 참여하며, 아티스트의 연습생 시절을 체험할 수 있어야 한다. K-드라마 존에서는 주인공이 되어 실제 촬영에 참여하고, 대사를 읽으며, 한국식 감정 표현을 배울 수 있어야 한다. K-푸드 존에서는 직접 김치를 담그고, 전통 발효 과정을 체험하며, 한국

인의 정(情) 문화를 느낄 수 있어야 한다.

한글 존에서는 외국인들이 세종대왕의 한글 창제 정신을 이해하고, 직접 한글을 쓰며, 한국어 기초 회화를 배울 수 있다. 태권도 존에서는 올림픽 정식 종목인 태권도를 수련하며 한국 무술의 정신을 체득한다. 전통문화 존에서는 한복을 입고, 사물놀이를 배우며, 한옥에서 하룻밤을 보내는 경험을 제공한다.

＊ 지역별 특화 전략

K-문화 테마파크는 하나의 거대한 시설이 아니라, 전국에 분산된 특화 테마파크의 네트워크로 구축하는 방안을 검토할 수 있다.

수도권에는 K-팝과 K-드라마를 중심으로 한 종합 테마파크를 조성한다. 이곳을 대형 공연장, 드라마 세트장, 엔터테인먼트 기획사 체험관 등을 갖춘 K-컬처의 메카로 만든다.

전주에는 K-푸드와 한옥 체험을 중심으로 한 전통문화 테마파크를 조성한다. 전주비빔밥 만들기, 한옥마을 스테이, 판소리 공연 등을 통해 한국 전통의 정취를 느낄 수 있게 한다.

부산에는 영화와 해양문화를 결합한 K-무비 테마파크를 조성한다. 부산국제영화제와 연계하여 영화 제작 과정을 체험하고, 해운대와 광안리의 아름다운 해양 경관을 배경으로 한 영상 콘텐츠를 제작할 수 있게 한다.

대구에는 섬유패션과 뮤지컬을 결합한 K-공연예술 테마파크를 조성한다. 대구의 뮤지컬 전통을 살려 K-뮤지컬 공연과 체험 프로그램을 운영하고, K-패션 전시 및 쇼핑 기회를 제공한다.

강원도에는 드라마 촬영지와 자연 관광을 결합한 K-자연문화 테마파크를 조성한다. 강원도의 아름다운 자연경관을 배경으로 한 드라마 촬영지 투어, 템플스테이, 동계스포츠 체험 등을 제공한다.

충북에는 K-뷰티 생산기지와 전통문화를 결합한 K-웰니스 테마 파크를 조성한다. 청주 직지 문화와 연계하여 한국의 인쇄문화를 소개하고, K-뷰티 제품 생산 과정을 견학하며, 스파와 웰니스 프로 그램을 체험할 수 있게 한다.

각 지역의 특성과 자원을 활용하되, 이들이 유기적으로 연결되 어 하나의 거대한 K-컬처 생태계를 형성하는 것이 바람직하다. 관 광객들이 한 지역의 테마파크를 방문하면 자연스럽게 다른 지역의 테마파크도 방문하고 싶어지도록 스토리텔링과 연계 프로그램을 설계해야 한다.

✳ 수익 모델의 다각화

K-컬처 테마파크의 수익 모델은 단순한 입장료 수입을 넘어설 필요가 있다. IP(지식재산권) 라이선싱, 교육 프로그램, 콘텐츠 제 작, 상품 판매, F&B(Food & Beverage), 숙박, MICE(Meeting·Incentive travel·Convention·Exhibition) 등 다양한 수익원을 창출해야 한다.

특히 K-컬처 IP를 활용한 글로벌 프랜차이즈 사업에 주목해 야 한다. 한국에서 성공적으로 운영되는 K-컬처 테마파크 모델을 해외에 수출하여, 각국에 K-컬처 테마파크를 조성하고 로열티 수입을 창출하는 것이다. 유니버설 스튜디오 코리아가 2007년부터 2017년까지 10년간 추진되다 무산된 경험이 있지만,[102] 이제는 우리가 주도적으로 K-컬처 테마파크를 세계에 수출할 때다.

✳ 민관 협력 거버넌스 구축

K-컬처 테마파크 조성은 정부나 민간 어느 한쪽만의 힘으로는 불가능하다. 대규모 초기 투자가 필요하고, 다양한 이해관계자들의 협력이 필수적이기 때문이다. 정부가 인프라와 제도적 기반을 마련하고, 민간이 콘텐츠와 운영 노하우를 제공하는 민관 협력 모델을 검토할 수 있다.

엔터테인먼트 기업, 방송사, 제작사, 기술 기업, 관광 기업 등 다양한 주체들이 참여하는 컨소시엄을 구성하여, 각자의 전문성을 결합한 시너지를 창출해야 한다. 정부는 이를 위해 K-컬처테마파크 특별법 제정을 검토하고, 규제샌드박스를 적용하여 혁신적인 사업 모델이 가능하도록 지원하는 방안을 모색할 수 있다.

✳ 글로벌 경쟁력 확보 전략

K-컬처 테마파크가 글로벌 경쟁력을 갖추려면, 차별화된 콘텐츠와 최첨단 기술의 융합을 고려할 필요가 있다. 단순히 디즈니나 유니버설을 모방하는 것이 아니라, K-컬처만의 독특한 정서와 스

토리텔링을 바탕으로 새로운 테마파크 모델을 창조해야 한다.

한국의 '정(情)' 문화, '흥(興)' 문화, '한(恨)' 정서 등 독특한 문화 코드를 테마파크 곳곳에 녹여내어, 외국인들이 한국 문화의 깊이를 체험할 수 있도록 해야 한다. 첨단 기술을 활용하되, 이것이 인간적 체험을 대체하는 것이 아니라 보완하고 증폭시키는 역할을 하도록 설계해야 한다.

──── ＊ 지속 가능한 운영 전략

K-컬처 테마파크의 지속 가능성을 위해서는 끊임없는 혁신과 재투자가 필요하다. K-컬처 콘텐츠는 빠르게 변화하고 진화하기 때문에, 테마파크도 이에 맞춰 지속적으로 업데이트되어야 한다.

연간 매출의 일정 비율을 의무적으로 재투자하도록 하고, 새로운 K-컬처 트렌드를 즉각적으로 반영할 수 있는 유연한 운영 체계를 구축하는 것이 바람직하다. 방문객 데이터를 체계적으로 수집·분석하여, 고객 맞춤형 서비스를 제공하고 재방문율을 높여야 한다.

K-컬처 테마파크는 단순한 관광시설이 아니다. 이것은 K-컬처를 글로벌 산업으로 발전시키는 핵심 인프라이자, 한국 문화의 정체성과 자부심을 세계에 알리는 문화 외교의 전초기지다. 지금 당장 시작하지 않으면, K-컬처의 황금기를 놓치고 말 것이다. 정부와 민간이 힘을 합쳐 K-컬처 테마파크 조성에 나서는 것을 진지하게 검토해야 할 시점이다.

K-문화기술 스케일업: 넥스트 제너레이션 CT의 실험실에서 세계 시장까지

K-팝과 K-드라마가 전 세계를 사로잡은 지금, 과연 이 놀라운 성공에 문화기술(CT)은 얼마나 기여했을까? 솔직히 말해 거의 기여하지 않았다. BTS가 세계를 정복한 것은 첨단 기술 때문이 아니라 그들의 음악과 퍼포먼스, 그리고 팬들과의 소통 덕분이었다. 넷플릭스를 통해 전 세계로 확산된 한국 드라마들이 글로벌 시청자들의 사랑을 받은 것도 VR이나 AI 때문이 아니라 한국적 서사와 인간 본연의 감정 때문이었다.

✳ 아날로그적 성공과 디지털 종속의 아이러니

지난 10년간 정부는 문화기술 R&D에 수천억 원을 투자했다. 2026년에는 1,515억 원이라는 역대 최대 규모의 예산이 편성되었다.[103] 그러나 현장을 들여다보면 안타까운 현실이 드러난다. 3년 단위로 진행되는 R&D 과제들은 대부분 성공으로 평가받지만, 정작 그 결과물이 실제 현장에서 활용되는 경우는 극히 드물다.

　문제의 핵심은 우리가 '기술을 위한 기술'을 개발해왔다는 점이다. 특허와 논문 숫자에만 매달려온 성과 평가 시스템은 양적으로는 풍성한 결과물을 만들어냈지만, 질적으로는 시장과 동떨어진 '서류상의 성과'만 양산했다. 더 심각한 문제는 실제 K-컬처 콘텐츠를 제작하는 데 필요한 핵심 소프트웨어와 하드웨어는 여전히 해외에 전적으로 의존하고 있다는 사실이다. 영상 편집은 어도비로, 3D 제작은 마야로, 음악 제작은 프로툴즈로 한다. 우리가 만든 콘텐츠가 세계로 뻗어 나가지만, 그것을 만드는 도구는 모두 남의 것이다.

—————✳ TRL 관점에서 본 문화기술의 죽음의 계곡

　기술 성숙도(TRL, Technology Readiness Level)는 기술이 기초연구에서 상용화까지 도달하는 9단계를 나타내는 지표다.[104] 우리 문화기술 R&D의 TRL을 들여다보면 흥미로운 패턴이 발견된다. 대부분의 과제가 TRL 4~5단계, 즉 실험실 수준의 검증 단계에서 멈춘다. TRL 6단계인 파일럿 규모 시제품 제작부터 TRL 9단계인 실제 사업화까지 가는 경우는 손에 꼽을 정도다.

　이른바 '죽음의 계곡(Death Valley)'이다. 실험실에서는 작동하지만, 시장에서는 무용지물인 기술들이 계곡에 떨어져 사라진다. 왜 이런 일이 반복될까?

　첫째, 기획 단계부터 현장과 유리되어 있다. 연구기관·기업·대학이 같은 과제를 놓고 경쟁하다 보니, 결국 특허 출원과 논문 작성에 유리한 연구기관이 대부분을 가져가는 경향이 있다. 둘째, 평가 시스템이 형식적이다. 연말에 시간에 쫓겨 급하게 진행되는 평가는 전문성과 깊이가 부족할 수 있다. 셋째, 지원 규모와 기간이 비현실적이다. 1년 단위 예산 주기와 과제별 3년 획일적 구조로는 충분한 기술 개발이 어려운 경우가 많다.

---————————★ **1장 진단과의 연계**

이 프로젝트는 1장에서 진단한 문화기술과 문화산업 육성 분야를 집중 해결한다.

문화기술 R&D 구조적 문제(주요 해결 분야 1)

- 문제점: 실험실 중심의 기술 개발로 TRL 4~5단계에서 멈추는 죽음의 계곡 발생. 특허와 논문 중심의 성과 평가로 현장 활용도 저하. 3년 단위 획일적 지원으로 장기 기술 개발 한계.
- 해결책: 현장 중심 백워드 디자인 도입으로 제작 현장 수요 기반 기술 개발. TRL 단계별 차별화된 지원 체계 구축으로 죽음의 계곡 극복. 장기 투자 트랙 신설로 핵심 기술의 지속적 개발 지원.
- 예상 효과: TRL 7~9단계 상용화 기술 비율 점진적 증가. 현장 활용률 향상. 글로벌 경쟁력 있는 문화기술 특허 확보 기반 마련.

문화산업 육성 기반 부족(주요 해결 분야 2)

- 문제점: 콘텐츠 제작 핵심 도구의 해외 의존으로 기술 주권 약화. 지역별 특화 기술 생태계 미형성으로 수도권 집중 심화. 산학연 협력 부족으로 기술 이전 및 사업화 한계.
- 해결책: 한국형 콘텐츠 제작 도구 개발로 영상 편집, 음악 제작, 웹툰 창작 등 독자 기술 스택 구축. 지역별 CT 클러스터 조성으로 부산 영상, 대전 실감, 광주 융합, 대구 공연예술, 인천 K-푸드 기술 등 특화. 단계별 산학 컨소시엄 구성으로 기술 개발부터 사업화까지 순환 체계 마련.
- 예상 효과: 콘텐츠 제작 도구 자급률 점진적 향상. 지역 CT 클러스터 일자리 창출. 문화기술 기업 성장 생태계 조성.

또한, 문화 AI 분야에도 긍정적 파급효과를 미친다. 문화기술 개발 과정에서 축적된 AI 알고리즘과 데이터셋은 창작 AI 고도화의 기반이 되며, 산학 협력 체계는 AI 인재 양성으로 자연스럽게 연결된다.

✳ 프로젝트 규모 및 예산

- 사업 기간: 5년(2026~2030년)
- 총예산: 1조 원
- 예산 산출 근거:
  - 핵심 기술 개발(4,000억 원): 영상·음악·웹툰 제작 도구 개발,

AI 기반 창작 지원 시스템, 실감형 콘텐츠 제작 기술.

- 지역 CT 클러스터 구축(3,000억 원): 5개 권역별 테스트베드 및 인프라 구축. 지역 특화 기술 개발 지원.
- 산학 협력 및 인재 양성(2,000억 원): CTRC 사업 확대. 기술 이전 및 사업화 지원. 전문 인력 교육.
- 글로벌 진출 지원(1,000억 원): 해외 시장 진출. 국제표준화. 글로벌 파트너십 구축.

• 예상 효과: 문화기술 기업 생태계 강화와 시장 확대, 신규 일자리 창출, 글로벌 기술 경쟁력 확보 기반 마련.

＊ 넥스트 제너레이션 CT를 위한 스케일업 전략

이제는 근본적인 전환이 필요하다. '넥스트 제너레이션 CT'는 단순히 새로운 기술을 개발하는 것이 아니라, K-컬처의 본질에 맞는 기술 생태계를 구축하는 것이어야 한다.

첫째, 현장 중심의 백워드 디자인(Backward Design)이 필요하다. 기술 개발의 출발점을 실험실이 아닌 제작 현장으로 옮겨야 한다. 예를 들어, 세븐틴 월드투어에 필요한 실시간 홀로그램 기술이 무엇인지, 넷플릭스 오리지널 제작에 필요한 후반 작업 도구가 무엇인지, 웹툰 작가들이 요구하는 AI 어시스턴트가 무엇인지부터 파악하고, 거꾸로 기술 개발 로드맵을 짜야 한다.

둘째, 단계별 차별화된 지원 체계를 구축해야 한다. TRL 1~3단계까지는 대학과 연구기관이, TRL 4~6단계까지는 산학 컨소시

엄이, TRL 7~9단계까지는 기업이 주도하되, 개별 단계마다 필요한 지원을 맞춤형으로 제공해야 한다. 특히 죽음의 계곡을 건너는 TRL 5~7단계에는 개발비뿐만 아니라 테스트베드 구축, 규제샌드박스, 공공조달 연계 등 통합적인 지원이 필요하다.

셋째, 글로벌 기술 주권 확보에 나서야 한다. 콘텐츠 제작의 핵심 도구를 계속 해외에 의존할 수는 없다. 한국형 영상 편집 소프트웨어, K-팝 특화 음악 제작 플랫폼, 웹툰 전용 창작 도구 등 우리 콘텐츠산업의 특성에 맞는 '메이드 인 코리아' 기술 스택을 구축해야 한다. 이는 단기간에 이뤄질 수 없는 일이다. 상당 기간의 지속적 투자와 인내가 필요하다.

──────────── ✳ 사람과 기술의 새로운 조화

K-컬처의 성공은 사람 중심의 창작 문화에서 비롯되었다. 이 강점을 버릴 필요는 없다. 다만, 사람의 창의성을 극대화하고 한계를 보완하는 기술이 필요하다. 예를 들어, 안무가의 동작을 디지털로 기록하고 전수하는 모션 캡처 기술은 K-댄스 커버 크리에이터들의 학습을 돕고, 작곡가의 멜로디를 다양한 편곡으로 확장하는 AI 어시스턴트는 K-팝 프로듀서의 작업 속도를 높이며, 웹툰 작가의 스케치를 자동으로 채색하는 딥러닝 도구는 창작 시간을 단축시킨다.

K-애니메이션 제작에서도 문화기술의 역할이 중요하다. 〈케이팝 데몬 헌터스〉 같은 글로벌 애니메이션을 제작할 때 3D 렌더링

시간을 단축하는 기술, 캐릭터 동작을 자연스럽게 구현하는 시뮬레이션 기술이 제작비와 시간을 크게 절감할 수 있다. K-게임 분야에서도 〈배틀그라운드〉나 〈로스트아크〉 같은 대규모 온라인 게임의 서버 안정성, 그래픽 최적화, 사용자 경험 개선을 위한 기술 개발이 필수적이다.

중요한 점은 기술이 사람을 대체하지 않고 증강(Augmentation)시키는 것이다. 넥스트 제너레이션 CT는 창작자를 더 창의적으로, 제작자를 더 생산적으로, 관객을 더 몰입적으로 만드는 기술이어야 한다.

─────────✳ **지역 특화 CT 클러스터 구축**

수도권 중심의 기술 개발에서 벗어나 지역별 특화 전략도 필요하다. 강원은 자연 기반 관광 콘텐츠 기술로, 충북은 K-뷰티 생산 기술로, 광주는 미디어아트 융합 기술로, 대구는 뮤지컬과 공연예술 기술로 특화할 수 있다.

이를 위해서는 지역 대학·연구소·기업이 협력하여 특화 문화 기술을 개발하고 전문 인재를 양성하는 대학별 'CTRC(Culture Technology Research Center)' 사업을 전국적으로 확대할 필요가 있다. 서울 중심의 콘텐츠산업 구조에서 벗어나 각 지역이 고유한 문화기술 생태계를 갖출 때, 진정한 K-컬처의 다양성과 지속 가능성이 확보된다.

*   결론: 기술이 문화를 만나는 지점

K-컬처의 다음 도약을 위해서는 기술과 문화가 진정으로 만나는 지점을 찾아야 한다. 그동안 우리는 문화는 문화대로, 기술은 기술대로 따로 발전시켜왔다. 이제는 두 영역이 유기적으로 결합하는 '컬처 엔지니어링(Culture Engineering)'의 시대를 열어야 한다.

넥스트 제너레이션 CT는 단순한 기술 개발 프로젝트가 아니다. K-컬처의 지속 가능한 성장을 위한 인프라 구축이자, 문화강국의 기술 주권을 확보하는 전략이다. 실험실에서 시작된 기술이 제작 현장을 거쳐 세계 시장으로 나아가는 완전한 순환 체계를 만들어야 한다. 그것이 진정한 K-문화기술 스케일업이다.

16 K-문화 국제학교

─────────✳ 글로벌 문화 교육의 새로운 패러다임

　K-컬처가 전 세계적 문화 현상으로 자리 잡은 지금, 우리는 중대한 기로에 서 있다. 〈오징어 게임〉을 보고, 블랙핑크의 공연을 관람하며, 설화수와 비빔밥을 즐기는 전 세계 젊은이들이 한국을 찾아오고 있다.[105] 하지만 이들이 K-컬처를 체계적으로 학습하고 전문가로 성장할 수 있는 교육 인프라는 턱없이 부족하다. 세계 87개국 252개소의 세종학당에서 21만여 명이 한국어를 배우고 있지만,[106] 이것만으로는 K-컬처의 지속 가능한 성장을 담보하기 어렵다.

　프랑스의 알리앙스 프랑세즈는 전 세계 132개국에 830여 개의 네트워크를 구축하여 프랑스어와 문화를 전파하고 있으며, 독일의 괴테 인스티튜트는 98개국 159개소에서 독일어와 문화를 교육하고 있다.[107] 이들 기관이 단순한 언어 교육을 넘어 자국 문화의 글로벌 확산과 소프트파워 강화에 기여하는 것처럼, 우리도 K-컬처 교육의 새로운 모델을 만들 필요가 있다.

K-문화 국제학교는 이러한 시대적 요구에 대한 해답이 될 수 있다. 영국의 이튼 칼리지나 미국의 필립스 아카데미처럼, 단순한 교육기관이 아닌 글로벌 문화 리더를 양성하는 요람으로 발전시킬 수 있다. 한글과 K-컬처를 통합적으로 교육하고, 실무 현장과 연계된 프로젝트 기반 학습을 통해 졸업과 동시에 K-컬처산업에 투입될 수 있는 전문 인재를 양성하는 것이 목표다.

✳ 1장 진단과의 연계

이 프로젝트는 1장에서 진단한 문화 교육과 문화 복지 분야의 구조적 문제를 집중 해결한다.

문화 교육의 체계화(주요 해결 분야 1)

- 문제점: 현재 K-컬처 교육은 세종학당의 언어 교육, 대학의 학술 연구, 민간 아카데미의 실용 교육으로 분절되어 있다. 언어와 문화, 이론과 실무, 전통과 현대를 통합적으로 교육하는 체계가 부재하며, 글로벌 인재 양성을 위한 국제 수준의 교육 인프라가 미흡하다.

- 해결책: K-문화 국제학교는 한글 교육부터 K-팝, K-드라마, 웹툰, 게임, K-푸드, K-뷰티까지 전 분야를 아우르는 통합형 커리큘럼을 제공할 수 있다. 이론 30%, 실습 70%의 실전형 교육과정을 통해 졸업과 동시에 현장 투입이 가능한 인재를 양성한다. 또한, 해외 유수 대학과의 듀얼 디그리(Dual Degree)

프로그램을 운영하여 글로벌 스탠다드와 K-컬처의 독창성을 동시에 갖춘 전문가를 배출할 수 있다.

- 예상 효과: 연간 3,000명 규모의 K-컬처 전문 인재 양성. 해외 유학생 유치를 통한 교육 한류 확산. 글로벌 K-컬처 네트워크 구축을 통해 문화 교육 분야의 국제 경쟁력 강화.

문화 복지의 확대(주요 해결 분야 2)

- 문제점: K-컬처 교육이 수도권과 일부 대도시에 편중되어 있으며, 경제적 여건에 따라 교육 기회의 격차가 크다. 지역의 문화 인재들이 체계적인 교육을 받지 못해 잠재력을 발휘하지 못하고 있다.
- 해결책: 서울, 부산, 전주, 제주 등 권역별 특화 캠퍼스를 구축하여 지역균형발전을 도모할 수 있다. 장학 프로그램과 온라인 교육 플랫폼을 통해 경제적 배경과 관계없이 재능 있는 학생들이 교육받을 기회를 제공한다. 각 캠퍼스가 지역의 문화적 자산을 활용한 특화 교육을 제공함으로써 문화 복지의 사각지대를 해소할 수 있다.
- 예상 효과: 지역 문화 인재 발굴 및 육성, 문화 교육 접근성 향상, 권역별 K-컬처산업 생태계 강화를 통해 문화 복지의 실질적 확대를 실현할 수 있다.

또한, 문화예술 분야와 저작권 분야에도 긍정적 파급효과를 미칠 수 있다. 전통문화와 현대 K-컬처의 융합 교육을 통해 문화예술의 창조적 진화를 촉진하고, 저작권 교육을 커리큘럼에 통합하여

IP 비즈니스 전문가를 양성함으로써 K-컬처의 지속 가능한 성장 기반을 마련할 수 있다.

✳ 프로젝트 규모 및 예산

- 사업 기간: 5년(2026~2030년)
- 총예산: 1조 원
- 예산 산출 근거:
  - 캠퍼스 건립 및 인프라 구축: 4,000억 원(서울 본교 2,000억 원, 권역별 캠퍼스 각 500억 원 × 4개소).
  - 교육 시설 및 장비: 2,000억 원(스튜디오, 실습실, 첨단 제작 장비).
  - 해외 대학 파트너십 및 듀얼 디그리 운영: 1,500억 원.
  - 글로벌 인턴십 및 현장 프로젝트: 1,000억 원.
  - 장학금 및 학생 지원: 1,000억 원.
  - 운영비 및 교수진 확보: 500억 원.
- 예상 효과:
  - 5년간 총 1만 5,000명 규모의 K-컬처 전문 인재 배출 가능.
  - 해외 유학생 유치를 통한 연간 약 500억 원 규모의 교육 수출 효과.
  - 취업률 95% 이상 목표 달성을 통한 K-컬처산업 인력난 해소.
  - 글로벌 K-컬처 네트워크 구축을 통한 문화 외교 강화.
  - 지역 문화산업 생태계 활성화 및 5년간 약 2만 개의 일자리 창출 기대.

✳ 통합형 K-컬처 교육과정의 설계

K-문화 국제학교의 교육과정은 기존의 분절적 접근을 탈피하여 제작·기술·비즈니스를 통합한 융합형 커리큘럼으로 구성된다. 오전에는 K-팝 댄스를 배우고, 오후에는 콘텐츠 제작 기술을 익히며, 저녁에는 글로벌 마케팅 전략을 학습하는 방식이다. 이러한 통합적 접근은 K-컬처산업이 요구하는 멀티플레이어형 인재 양성에 적합하다.

기초 과정에서는 한글과 한국어를 중심으로 K-컬처의 역사적 배경과 문화적 맥락을 학습한다. 한글이 단순한 문자가 아닌 K-컬처의 정신적 기반임을 이해하고, 판소리에서 K-팝까지, 전통무용에서 K-댄스까지의 진화 과정을 체득한다. 이 과정에서 중요한 것은 "왜 K-컬처가 전 세계인의 마음을 사로잡았는가"에 대한 본질적 이해다.

심화 과정은 장르별 전문화와 융합 프로젝트로 구성된다. K-팝 프로듀싱, K-드라마 연출, 웹툰 창작, 게임 기획, K-푸드 개발, K-뷰티 마케팅 등 세부 전공을 선택하되, 반드시 타 장르와의 협업 프로젝트를 수행해야 한다. 예를 들어, K-팝 전공자가 웹툰 작가와 협업하여 음악 기반 웹툰을 제작하거나, K-푸드 전공자가 K-드라마 제작팀과 함께 PPL 상품을 개발하는 방식이다.

특히 주목할 점은 문화기술 교육의 강화다. AI 기반 음악 제작, 메타버스 공연 기획, NFT 아트 창작, 가상 아이돌 운영 등 최신 기술과 K-컬처의 융합을 실습 중심으로 학습한다. 단, 기술이 주가 되는 것이 아니라 K-컬처의 창의성과 감성을 증폭시키는 도구로 활용되도록 교육한다.

✳ 실전형 프로젝트 기반 학습

K-문화 국제학교의 차별화된 경쟁력은 철저한 현장 중심 실전형 교육에 있다. 이론 수업은 전체 교육과정의 30%로 제한하고, 나머지 70%는 실습과 프로젝트로 구성한다. 학생들은 입학과 동시에 실제 K-컬처 기업이나 기관과 연계된 프로젝트에 참여하게 된다.

1학년부터 시작되는 '리얼 프로젝트'는 실제 시장에 출시될 콘텐츠나 상품을 개발하는 과정이다. 예를 들어, 국내 주요 엔터테인먼트 기업과 협업하여 신규 오디션 프로그램을 기획하거나, 대형 웹툰 플랫폼과 함께 글로벌 웹툰 IP를 개발하는 방식이 가능하다. 학생들의 아이디어가 실제로 채택되면 정식 크레딧과 함께 수익 배분도 받을 수 있다. 이러한 경험은 졸업 후 즉시 현장 투입이 가능한 실무 역량을 갖추게 한다.

해외 현지 프로젝트도 중요한 축이다. 2학년 2학기에는 의무적으로 해외 현지에서 6개월간 K-컬처 프로젝트를 수행해야 한다. 미국 LA의 K-팝 에이전시에서 인턴십을 하거나, 일본 도쿄의 K-뷰티 매장에서 마케팅 실습을 하고, 베트남 호치민의 K-드라마 제작 현장에서 보조 PD로 활동하는 등 실제 글로벌 시장에서 경험을 쌓는다.

산학 협력 스튜디오는 학교 내에 설치된 실제 제작 시설이다. 녹음실, 댄스 스튜디오, 영상 편집실, 웹툰 작업실, 게임 개발실 등이

24시간 개방되어 학생들이 자유롭게 창작 활동을 할 수 있다. 특히 이곳에서는 현업 전문가들이 멘토로 상주하며 실시간으로 피드백을 제공한다. 주요 엔터테인먼트 기업의 안무가, 글로벌 OTT 플랫폼의 콘텐츠 기획자, 게임 개발사의 전문 개발자 등이 직접 학생들을 지도하는 체계를 구축할 수 있다.

✳ 듀얼 디그리와 글로벌 네트워크

K-문화 국제학교는 국내 학위만으로는 글로벌 경쟁력을 갖추기 어렵다는 현실을 직시하고, 해외 유수 대학과의 듀얼 디그리 프로그램을 운영한다. 학생들은 K-문화 국제학교에서 2년, 해외 파트너 대학에서 2년을 수학하여 양국의 학위를 동시에 취득할 수 있다.

파트너 대학은 각 분야의 최고 수준 기관들로 구성될 수 있다. 음악, 영상, 디자인, 비즈니스 등 각 분야에서 세계적으로 인정받는 교육기관들과 협약을 맺어 학생들이 세계 최고 수준의 교육을 받을 수 있도록 지원할 수 있다. 이를 통해 K-컬처의 창의성과 글로벌 스탠다드를 동시에 갖춘 인재를 양성할 수 있다.

글로벌 인턴십 프로그램도 체계적으로 운영된다. 3학년 여름방학부터 4학년 1학기까지는 해외 주요 엔터테인먼트 기업에서 인턴십을 수행한다. 글로벌 음반사, 영화 제작사, 콘텐츠 플랫폼 등과의 협약을 통해 학생들에게 다양한 기회를 제공할 수 있다. 특히 우수 학생에게는 졸업 전 정규직 채용 제안이 주어지기도 한다.

국제 교류 프로그램을 통해 전 세계 학생들과의 네트워크도 구축한다. 매년 여름과 겨울에는 'K-컬처 썸머·윈터스쿨'을 개최하여 전 세계에서 K-컬처에 관심 있는 학생들을 초청한다. 2주간의 집중 프로그램을 통해 K-컬처를 체험하고 배우며, 글로벌 네트워크를 형성한다. 이들은 훗날 각국에서 K-컬처의 전도사 역할을 하게 된다.

✳ 즉시 투입형 인재 파이프라인

K-문화 국제학교의 궁극적 목표는 졸업과 동시에 K-컬처산업에 즉시 투입 가능한 인재를 양성하는 것이다. 이를 위해 입학부터 졸업까지 체계적인 경력 개발 프로그램을 운영한다.

1학년 때부터 시작되는 '커리어 로드맵'은 학생 개개인의 적성과 능력을 분석하여 맞춤형 진로를 설계한다. K-팝 프로듀서를 꿈꾸는 학생에게는 작곡·편곡·믹싱 기술뿐만 아니라 아티스트 매니지먼트, 글로벌 마케팅, 저작권 관리까지 종합적으로 교육한다. 웹툰 작가 지망생에게는 스토리텔링, 작화 기술, 디지털 툴 활용법과 함께 IP 비즈니스, 해외 진출 전략까지 가르친다.

'인더스트리 멘토십' 프로그램은 각 분야 최고 전문가들이 학생을 지도하는 시스템이다. 성공한 프로듀서나 저명한 감독, 대표 작가들이 선발한 수제자들이 상주 멘토로 활동하며 정기적으로 마스터 클래스를 진행하는 형태로 운영될 수 있다.

졸업 프로젝트는 실제 상업화가 가능한 수준의 작품이나 사업 계획이어야 한다. 음반 제작, 웹드라마 촬영, 게임 출시, 패션 브랜드 론칭 등 각자의 전공 분야에서 시장성 있는 결과물을 만들어내야 졸업이 가능하다. 우수 프로젝트에는 실제 투자가 이루어지며, 학교가 인큐베이팅을 지원한다.

취업 연계 시스템도 체계적으로 구축된다. K-문화 국제학교는 국내외 주요 엔터테인먼트 기업들과 '인재 육성 파트너십'을 맺어, 기업이 원하는 인재를 맞춤형으로 양성한다. 국내 주요 엔터테인먼트 기획사들뿐만 아니라 글로벌 음반사와 영화 제작사 등도 참여할 수 있다. 기업들은 장학금 지원, 프로젝트 발주, 인턴십 제공, 우선 채용 등의 혜택을 제공하고, 학교는 기업 맞춤형 교육과정을 운영한다.

K-문화 국제학교는 단순한 교육기관이 아니다. K-컬처의 미래를 이끌어갈 글로벌 인재를 양성하는 요람이자, 한국 문화의 창조적 진화를 선도하는 실험실이 될 수 있다. 영국의 옥스브리지나 미국의 아이비리그처럼, K-문화 국제학교 출신이라는 것 자체가 하나의 브랜드가 되고, 전 세계 문화산업계가 주목하는 인재 풀로 발전할 수 있다. 이것이 K-컬처의 지속 가능한 성장을 위한 필수 인프라이자, 우리가 구축해야 할 미래 전략이다.

17. K-문화산업 클러스터: 모이면 빨라진다 — 제작·기술·투자 집적

✳ 산업 생태계의 물리적 집적, 그 이상의 의미

K-컬처의 글로벌 성공 이면에는 역설적 현실이 존재한다. 한국 콘텐츠가 전 세계를 석권하는 동안, 정작 국내 문화산업 인프라는 여전히 파편화되어 있다. 제작 스튜디오는 상암에, 후반 작업 시설은 강남에, 투자사는 여의도에 흩어져 있으며, 이들을 연결하는 유기적 생태계는 부재한 상황이다.

더 큰 문제는 이러한 물리적 분산이 단순한 거리의 문제를 넘어서는 구조적 비효율을 낳고 있다는 점이다. 한 웹툰 스타트업이 애니메이션으로 사업을 확장하려면 제작사를 찾아 전국을 떠돌아야 한다. VFX 기술을 보유한 중소기업이 콘텐츠 제작사와 협업하려면 개별 네트워킹에 의존해야 한다. 2023년 기준 국내 콘텐츠산업 매출이 150조 원을 넘어섰지만,[108] 산업 내 시너지 효과는 여전히 제한적인 이유가 여기에 있다.

미국의 실리콘밸리가 반도체에서 시작해 소프트웨어·인터넷·AI로 진화하며 세계 혁신의 중심이 된 것처럼, K-문화산업도 물리적 집적을 통한 화학적 융합이 필요한 시점이다. 실리콘밸리는 스탠퍼드 대학을 중심으로 인재를 공급하고, 벤처캐피털이 자금을 투자하며, 실패를 용인하는 문화 속에서 지속적 혁신이 일어나는 생태계를 구축했다.[109] 우리에게도 이러한 '한국판 실리콘밸리'가 절실하다.

✳ 1장 진단과의 연계

K-문화산업 클러스터 프로젝트는 1장에서 진단한 지역 문화 불균형 문제를 집중 해결하는 동시에, 문화산업 육성, 관광 활성화, 정책 구조 개선에도 긍정적 파급효과를 미친다.

지역 문화 불균형(주요 해결 분야 1)
- 문제점: 수도권 집중으로 인한 지역 문화산업 공동화, 인재 유출 심화, 지역 특화 콘텐츠 개발 부진.
- 해결책: 19개 광역시도 특성에 맞는 특화 클러스터 조성. 지역 대학과의 산학 협력 체계 구축. 지역 특화 콘텐츠 장기 지원.
- 예상 효과: 지역 일자리 10만 개 창출. 지역 콘텐츠 수출 30% 증가. 지역 정주 여건 개선.

보조 해결 분야

- 문화산업 육성: 제작·기술·투자가 집적된 원스톱 생태계로 중소 창작사의 글로벌 경쟁력 강화.
- 관광 활성화: K-문화 테마파크와 연계한 생산-소비 융합형 문화 관광 거점 조성.
- 정책 구조 개선: 민관 협력 거버넌스로 현장 중심의 상향식 의사결정 구조 확립.

✳ 프로젝트 규모 및 예산

- 사업 기간: 5년(2026~2030년)
- 총예산: 1조 원
- 예산 산출 근거:
  - 수도권 종합 클러스터 조성: 5,000억 원(부지 매입 3,000억 원, 시설 구축 2,000억 원).
  - 5개 권역 특화 클러스터: 3,000억 원(권역당 600억 원).
  - 디지털 인프라 구축: 1,000억 원(메타버스 스튜디오, 블록체인 IP 거래 플랫폼).
  - 운영 및 프로그램: 1,000억 원(인재 양성, 마케팅, 글로벌 네트워킹).
- 예상 효과: 15만 개 일자리 창출. 콘텐츠 수출 50조 원 달성. 지역균형발전.

* 국내외 클러스터의 명암: 무엇을 배울 것인가?

정부는 콘텐츠산업 클러스터 구축 사업을 추진하고 있다. 예를 들어 순천 애니메이션 클러스터에는 193억 원이 투입되었다.[110] 하지만 과거 창조경제혁신센터처럼 하드웨어만 조성하고 실질적 생태계 구축에 실패한 전례를 반복해서는 안 된다. 해외 성공 사례를 면밀하게 분석하고 우리 실정에 맞는 모델을 구축해야 한다.

영국 셰필드는 쇠퇴한 철강 도시를 문화산업지구로 재생시킨 대표적 성공 사례다. 1988년부터 시작된 이 프로젝트의 핵심은 셰필드 할람 대학이 제공하는 R&D 역량과 시 당국의 실용적 지원, 그리고 무엇보다 생산과 소비가 함께 이루어지는 복합형 클러스터 조성이었다.[111] 창작자와 시민이 함께하는 프로그램을 통해 문화의 생산과 소비가 동시에 일어나는 선순환 구조를 만들어낸 것이다.

호주 멜버른의 문학 산업 클러스터도 주목할 만하다. 펭귄, 론리플래닛 같은 다국적 출판사를 유치하고 16개의 전문 문학축제를 개최하여 연간 73억 달러의 수익을 창출하고 있다.[112] 이는 단순한 물리적 집적이 아닌, 산업·문화·교육이 융합된 생태계 구축의 결과다.

반면 국내 지역 문화산업 클러스터들은 대부분 뚜렷한 성과를 내지 못하고 있다. 전국 17개 광역시도가 저마다 문화산업진흥원을 운영하지만, 대부분 지원사업 집행 기관 역할에 머물러 있다. 수도권과 지역 간 격차는 갈수록 벌어지고, 지역 클러스터는 인재 유출을 막지 못한 채 공동화되고 있는 실정이다.

✳ 분산에서 집적으로: 클러스터의 구성 요소

진정한 K-문화산업 클러스터는 다음과 같은 핵심 요소들이 유기적으로 연결되어야 한다.

첫째, 제작 인프라의 집적이다. 대형 스튜디오부터 소규모 창작 공간까지, 촬영부터 후반 작업까지 전 과정을 한 곳에서 해결할 수 있는 원스톱 제작 환경이 필요하다. 특히 모션캡처, 버추얼 프로덕션 등 첨단 제작 시설의 공동 활용 체계를 구축하여 중소 제작사도 글로벌 수준의 콘텐츠를 만들 수 있도록 해야 한다.

둘째, 기술 개발과 실증의 장이다. AI 기반 콘텐츠 제작, 실감형 콘텐츠, 메타버스 플랫폼 등 차세대 문화기술을 개발하고 즉시 상용화할 수 있는 테스트베드가 필수적이다. 현재 문화기술 R&D의 사업화율이 10% 미만인 현실을 타개하려면,[113] 기술 개발과 콘텐츠 제작이 분리되지 않고 융합되는 환경을 조성해야 한다.

셋째, 투자와 비즈니스 지원 체계다. 콘텐츠 전문 벤처캐피털, 완성 보증 시스템, 글로벌 배급 네트워크가 집적되어 창작부터 유통까지 전 과정을 지원해야 한다. 정부가 조성 중인 콘텐츠 정책금융도 클러스터를 중심으로 효율적으로 운영되어야 할 것이다.[114]

넷째, 인재 양성과 순환 시스템이다. 산학 협력을 통한 프로젝트 기반 교육, 현장 전문가의 교육 참여, 스타트업 인큐베이팅이 동시에 이루어져야 한다. 특히 K-문화 국제학교와 연계하여 글로벌 인재를 유치하고 양성하는 허브 역할도 수행해야 한다.

다섯째, 문화 향유와 체험 공간이다. 클러스터는 단순한 산업단지가 아닌, 시민과 관광객이 K-컬처를 직접 체험하고 소비할 수 있는 문화공간이어야 한다. K-문화 테마파크와 연계하여 생산과 소비가 동시에 일어나는 살아 있는 생태계를 구축해야 한다.

✳ 수도권과 지역의 역할 분담: 차별화된 특화 전략

K-문화산업 클러스터는 수도권 중심의 종합 클러스터와 지역별 특화 클러스터로 이원화하여 추진해야 한다. 수도권에는 글로벌 경쟁력을 갖춘 대규모 종합 클러스터를 조성하되, 각 지역은 고유한 문화자원과 산업 특성을 살린 특화 클러스터로 발전시켜야 한다.

✳ 광역시와 기초지자체의 역할 구분

지역 클러스터 조성에서 가장 중요한 것은 광역시와 기초지자체의 역할을 명확히 구분하는 것이다. 광역시는 연구개발과 산업 육성 인프라 구축에 집중하고, 기초지자체는 지역 특산품 판매와 관광객 유치를 위한 특화 체험 서비스에 집중해야 한다. 인프라와 자원이 부족한 기초지자체가 무리하게 대형 R&D 사업을 유치하는 것은 예산 낭비일 뿐이다.

✳ 권역별 특화 전략

구체적으로 영남권에서는 부산의 영화·영상산업, 대구의 뮤지컬·패션 콘텐츠, 울산의 산업 관광 콘텐츠로 특화할 수 있다. 호남권에서는 광주의 미디어아트와 예술영화, 전주의 전통문화와 K-푸드, 전남의 섬 관광과 남도 음식 콘텐츠가 핵심이다.

강원권에서는 평창 동계올림픽 레거시와 DMZ 평화 관광 콘텐츠를 문화 IP로 전환하고, 드라마 촬영지 기반 관광 콘텐츠, 템플스테이 등 자연·치유 콘텐츠로 특화한다. 충청권에서는 대전의 과학기술 연구소를 활용한 문화기술 개발과 SF 웹툰·게임 콘텐츠, 세종의 스마트시티 기반 미래형 콘텐츠 실험, 충북의 K-뷰티 생산기지 및 청주 직지 문화와 인쇄문화 콘텐츠, 충남의 백제 문화권 역사 콘텐츠와 해양관광 콘텐츠로 차별화한다.

제주는 자연경관을 활용한 드라마·영화 촬영지, K-뷰티 원료산업, 한류 관광 허브로 육성하고, 경기도는 드라마 제작 스튜디오와 테마파크, 인천은 공항 연계 K-푸드 수출과 차이나타운 문화콘텐츠, 경북은 경주 역사문화와 안동 전통문화, 경남은 가야문화와 해양 콘텐츠로 특화할 수 있다.[115]

✳ 지역 기업과 대학 육성의 중요성

중요한 것은 이들 지역 클러스터가 수도권의 축소판이 되어서는 안 된다는 점이다. 각 지역만의 독특한 색깔과 경쟁력을 갖추되, 수도권과 동등한 규모와 지원 체계를 구축해야 한다.

특히 지역 문화산업 육성의 핵심은 지역 기업과 대학을 키우는 것이다. 지역 기업의 가장 큰 강점은 그 지역을 누구보다 잘 안다는 것이고, 가까이 있어 지속적인 관리가 가능하다는 것이다. 그러나 현실에서는 '공정한 선정'이라는 명목하에 대형 프로젝트의 대부분을 수도권 기업들이 수주하고 있다.

이를 해결하기 위해서는 광역시 단위에서 전시관, 박물관, 홍보관, 체험관 등 20억 원 이상의 서비스 용역 프로젝트에 지역 기업과 대학이 40% 이상 의무적으로 참여하도록 조례를 제정해야 한다. 이는 지역균형발전을 위한 최소한의 안전장치다. 지역 기업과 대학에 기회를 주지 않으면 영원히 성장할 수 없고, 결국 지역 문화산업도 발전할 수 없다.

＊ 선결 조건과 지속 가능성

지역 클러스터의 성공을 위해서는 몇 가지 선결 조건이 있다. 먼저 지역 대학과의 긴밀한 산학 협력 체계를 구축하고, 지역 특화 콘텐츠에 대한 장기적이고 일관된 지원정책을 수립해야 한다.

무엇보다 중요한 것은 완공 후 운영과 지속 가능성이다. 중앙부처 지원으로 시설을 완공했지만 운영되지 않는 사례가 반복되는 이유는, 사업을 유치한 공무원이 완공 전에 다른 부서로 이동하여 연속성이 단절되기 때문이다. 이를 막기 위해 사업 담당자의 최소 재임 기간을 보장하거나 전담 조직을 구성하는 제도적 장치가 필요하다.

또한, 수도권으로의 인재 유출을 막기 위한 정주 여건 개선과 양질의 일자리 창출이 병행되어야 한다. 지역만의 문화콘텐츠산업 펀드를 조성하여 지역 아티스트·전문가·기업들이 시장에서 성공할 수 있도록 지원해야 한다.

✳ 디지털 전환 시대의 하이브리드 클러스터

4차 산업혁명 시대에 물리적 클러스터만으로는 한계가 있다. 디지털 기술을 활용한 가상 클러스터와 물리적 클러스터가 융합된 하이브리드 모델을 추구해야 한다.

메타버스 공간에 가상 스튜디오를 구축하여 전 세계 크리에이터가 협업할 수 있도록 하고, 블록체인 기반의 IP 거래 플랫폼을 통해 창작자의 권익을 보호하며, AI 기술을 활용한 자동 번역과 로컬라이징으로 글로벌 진출을 지원하는 등 디지털 인프라가 물리적 공간과 유기적으로 연계되어야 한다.[116]

특히 코로나 19 이후 원격 협업이 일상화된 상황에서, 물리적 거리의 제약을 넘어서는 디지털 클러스터의 중요성은 더욱 커지고 있다. 하지만 창의적 아이디어가 우연한 만남과 비공식적 교류에서 나온다는 점을 고려할 때, 물리적 공간의 가치는 여전히 유효하다. 따라서 온라인과 오프라인의 장점을 결합한 O2O 융합형 클러스터 모델이 필요하다.

✳ 거버넌스와 운영 모델: 민관 협력의 새로운 패러다임

K-문화산업 클러스터의 성공은 거버넌스 구조에 달려 있다. 기존의 관 주도 방식에서 벗어나 민간의 창의성과 공공의 지원이 조화를 이루는 새로운 운영 모델이 필요하다.

K-컬처전략위원회가 컨트롤타워 역할을 수행하되, 실제 운영은 민간 전문가 중심의 운영위원회가 담당하도록 해야 한다. 특히 클러스터 입주 기업들이 운영에 직접 참여하여 현장의 목소리가 즉시 반영될 수 있는 상향식(bottom-up) 의사결정 구조를 구축해야 한다.

✳ 민간투자 활성화와 지역펀드 조성

재원 조달 측면에서도 정부 예산에만 의존하지 않고 민간투자를 적극 유치해야 한다. 세제 혜택, 규제샌드박스, 공공조달 우대 등 다양한 인센티브를 제공하여 민간기업의 참여를 유도하고, 수익 창출 모델을 개발하여 자립적 운영이 가능하도록 해야 한다.

특히 지역 문화펀드 조성이 필요하다. 지방자치단체, 지역 기업, 금융기관이 공동으로 '지역문화발전기금'을 조성하고, 지역 문화기업에 투자하는 엔젤투자자와 벤처캐피털에 대한 인센티브를 제공해야 한다. 지역만의 문화콘텐츠산업펀드를 만들어 지역 아티스트·전문가·기업들이 시장에 진출하여 성공적인 제품과 서비스를 만들 수 있도록 지원해야 한다.

지역은 수도권보다 더 열악한 상황에서 서로 의미 없는 경쟁만 하고 있다. 지역의 문화산업이 성장하려면 지역 내 협력과 집중 지원이 필수다. 또한, 기업의 문화 기부를 촉진하기 위해 지역 문화재단을 법정기부금 단체로 지정하는 등 제도적 지원이 뒷받침되어야 한다.

✳ 성과 측정과 지속 가능성: 장기적 관점의 평가 체계

K-문화산업 클러스터는 단기 성과에 급급해서는 안 된다. 문화산업의 특성상 투자 회수 기간이 길고 성과가 누적적으로 나타나기 때문이다. 따라서 최소 10년 이상의 장기적 관점에서 일관된 정책을 추진하고, 정량적 지표와 정성적 평가를 균형 있게 활용하는 성과 관리 체계를 구축해야 한다.

매출·고용·수출 같은 경제적 지표뿐만 아니라, 창작 생태계 활성화, 문화 다양성 증진, 지역균형발전 같은 사회적 가치도 함께 평가해야 한다.[117] 또한, 실패를 용인하고 재도전을 지원하는 문화를 조성하여 혁신적 시도가 계속될 수 있는 환경을 만들어야 한다.

K-문화산업 클러스터는 단순한 물리적 공간이 아니라, K-컬처의 미래를 결정할 전략적 거점이다. 세계 7위 규모의 콘텐츠 시장을 보유한 우리나라가[118] 진정한 문화강국으로 도약하기 위해서는, 산업·기술·인재·자본이 융합되는 혁신 생태계 구축이 필수적이다. 지금이야말로 "모이면 빨라진다"는 집적의 힘을 믿고, K-문화산업 클러스터라는 새로운 도전에 나서야 할 때다.

K-문화 디지털 무역관:
온라인에서 매칭·계약·정산까지

✳ 플랫폼 종속에서 주도권 확보로

2023년 K-콘텐츠 수출액이 133억 달러를 기록하며 사상 최대치를 경신했다.[119] 그러나 이 화려한 성과 뒤에는 뼈아픈 현실이 숨어 있다. 우리가 만든 콘텐츠로 창출되는 막대한 수익의 상당 부분이 넷플릭스, 스포티파이, 유튜브 같은 해외 플랫폼으로 빠져나가고 있다.[120] 더 심각한 문제는 K-콘텐츠 소비자들의 시청 패턴, 구매 행동, 선호도 같은 핵심 데이터가 모두 해외 플랫폼에 축적되고 있다는 점이다.

지금까지 K-콘텐츠의 해외 진출은 개별 기업과 아티스트들의 산발적인 노력에 의존해왔다. 대형 기획사는 독자적인 네트워크를 구축했지만, 중소 제작사나 신진 창작자들은 해외 바이어를 찾는 것조차 어려운 실정이다. 한국콘텐츠진흥원(KOCCA)과 대한무역투자진흥공사(KOTRA)가 수출 지원사업을 운영하고 있지만,[121] 연간 몇 차례의 마켓 참가와 단발성 비즈매칭으로는 지속 가능한 수출 생태계를 구축하기 어렵다. B2B 거래의 전 과정을 디지털화하여 상시로 운영하는 통합 플랫폼의 부재는 K-콘텐츠산업화의 가장 큰 걸림돌이 되고 있다.

✳ 1장 진단과의 연계

이 프로젝트는 1장에서 진단한 '1. K-컬처 정책의 구조적 문제와 해법'을 집중 해결한다.

K-컬처 정책의 구조적 문제

- 문제점: 1장에서 지적했듯이, 현재 K-콘텐츠 수출 지원은 문화체육관광부, 산업통상자원부, KOCCA, KOTRA 등 여러 부처와 기관에 분산되어 있다. 각 기관이 개별적으로 마켓 참가 지원, 바이어 매칭, 현지화 지원을 진행하다 보니 중복 투자와 비효율이 발생하고, 정작 중소 제작사들은 어디서 어떤 지원을 받아야 할지 혼란스러워한다. 또한, 단발성 행사 중심의 지원으로는 지속적인 비즈니스 관계 구축이 어렵다.
- 해결책: K-문화 디지털 무역관은 수출 지원의 모든 기능을 하나의 통합 플랫폼으로 집중한다. 바이어 발굴부터 계약·결제·물류·사후관리까지 수출의 전 과정을 원스톱으로 처리할 수 있는 상시 개방형 디지털 플랫폼을 구축하여, 기업들이 연중 언제든지 해외 바이어와 직접 거래할 수 있도록 지원한다. 이를 통해 기존의 분산된 지원 체계를 통합하고, 정책 효율성을

극대화한다.

- 예상 효과: 통합 플랫폼을 통해 수출 지원의 중복 투자와 행정 비효율을 대폭 줄일 수 있다. 특히 중소 제작사들이 여러 기관을 찾아다니며 개별 신청하던 불편을 해소하고, 원스톱 지원 체계로 해외 진출 성공 가능성을 높일 수 있다. B2B 거래 프로세스 자동화를 통해 계약 체결 기간도 대폭 단축될 것으로 기대된다.

또한 '7. 콘텐츠산업의 글로벌 경쟁력 강화'에도 긍정적 파급효과를 미친다. 통합 플랫폼을 통해 중소 제작사와 신진 창작자들의 글로벌 시장 접근성이 획기적으로 개선되며, 데이터 기반 수출 전략 수립이 가능해진다.

✳ 프로젝트 규모 및 예산

- 사업 기간: 5년(2026~2030년)
- 총예산: 1조 원
- 예산 배분 방향:
  - 플랫폼 시스템 구축 및 유지보수(AI 번역, 블록체인 스마트 계약, 통합 결제 시스템 개발).
  - 해외 거점 인프라 강화(재외 문화원 비즈니스 기능 강화, KOTRA 무역관 연계).
  - 콘텐츠별 특화 서비스 개발(방송, 음악, 게임, 웹툰, 영화 등 장르

별 맞춤 시스템).

- 기업 참여 지원 및 마케팅(중소기업 플랫폼 이용료 지원, 해외 프
로모션).

- 운영 인력 및 시스템 관리.

• 예상 효과:

- K-콘텐츠 수출액 대폭 증가 및 수출 기업 수 확대.

- 중소 제작사와 신진 창작자의 글로벌 시장 진출 기회 확대.

- 콘텐츠 관련 일자리 창출(플랫폼 운영, 현지 지원, 콘텐츠 현지
화 등).

──────────✳ 상시 개방형 디지털 무역 플랫폼의 설계

K-문화 디지털 무역관은 단순한 온라인 전시장이 아니다. 바
이어 발굴부터 계약·결제·물류·사후관리까지 수출의 전 과정을 원
스톱으로 처리할 수 있는 통합 비즈니스 플랫폼이어야 한다. 이를
위해서는 먼저 글로벌 표준에 맞는 B2B 거래 시스템을 구축해야
한다.

첫째, 실시간 AI 번역 시스템을 통한 다국어 지원이 필수다. 영
어·중국어·일본어는 물론 스페인어·아랍어·베트남어 등 주요 시장
언어를 지원하여 언어 장벽을 완전히 제거해야 한다. 단순 번역을
넘어 각국의 비즈니스 관습과 계약 용어까지 정확히 변환할 수 있
는 전문 번역 시스템이 필요하다.

둘째, 블록체인 기반의 스마트 계약 시스템을 도입하여 거래의

투명성과 신속성을 확보해야 한다. 저작권 정보, 로열티 배분, 2차 저작물 권리 등을 명확히 규정하고 자동 집행할 수 있어야 한다. 특히 음원이나 웹툰처럼 지속적인 로열티 정산이 필요한 콘텐츠의 경우, 실시간 사용 데이터에 기반한 자동 정산 시스템이 구축되어야 한다.

셋째, 통합 결제 및 에스크로 시스템이 필요하다. 국가별로 상이한 결제 수단과 환율 변동 리스크를 해결하기 위해 다양한 결제 옵션을 제공하고, 거래 안전성 확보를 위한 에스크로 서비스를 운영해야 한다.

✳ 콘텐츠별 특화 서비스 설계

K-콘텐츠는 장르별로 거래 방식과 요구사항이 다르다. 따라서 통합 플랫폼 내에서도 각 콘텐츠에 따른 특화 서비스를 제공해야 한다.

방송 콘텐츠의 경우, 고화질 스크리닝 룸과 함께 편성권, 리메이크권, 포맷권 등 다양한 권리 거래를 지원해야 한다. 드라마 〈이태원 클라쓰〉가 일본에서 리메이크되고,[122] 〈더 글로리〉가 다수 국가에서 포맷 수출 협의를 진행하는 것처럼,[123] 드라마 포맷 수출이 증가하고 있는 만큼 바이블과 제작 가이드라인을 체계적으로 제공할 수 있는 시스템이 필요하다.

음악 콘텐츠는 실시간 스트리밍과 다운로드 서비스는 물론, 공연 기획과 아티스트 매니지먼트까지 통합 지원해야 한다. 세븐틴의 2023년 북미 투어가 15개 도시에서 38만 명을 동원하며 성공을 거둔 것처럼,[124] K-팝 아티스트의 해외 공연을 위한 현지 프로모터 매칭, 공연장 정보 제공, 비자 및 통관 지원 등 투어 관련 서비스도 필수다.

영화 콘텐츠는 주요 영화제 출품작을 중심으로 해외 배급사 매칭을 지원해야 한다. 부산국제영화제와 같은 아시아 최대 영화 시장을 활용한 스크리닝 서비스와 실시간 비즈니스 매칭 시스템을 제공할 수 있다.

게임 콘텐츠는 플레이 가능한 데모 버전 제공과 함께 퍼블리싱 계약, 현지화 지원, 마케팅 협업 등을 원활하게 진행할 수 있어야 한다. 특히 중국, 동남아 등 주요 시장의 퍼블리셔 데이터베이스를 구축하여 최적의 파트너를 매칭하는 것이 중요하다.

웹툰과 웹소설은 샘플 번역본 제공과 함께 연재 계약, 출판 계약, 영상화 권리 등을 패키지로 거래할 수 있는 시스템이 필요하다. 〈나 혼자만 레벨업〉이 웹툰에서 애니메이션, 게임으로 확장된 사례를[125] 참고하여 IP 확장을 염두에 둔 종합적인 권리 관리 체계를 구축해야 한다.

＊ 기존 인프라의 전략적 업그레이드

현재 전 세계 30개국에 35개의 재외 한국문화원이 운영되고 있다.[126] 이들 문화원은 주로 한국어 교육과 문화행사에 집중하고 있지만, 이제는 비즈니스 기능을 대폭 강화하여 K-문화 디지털 무역관의 현지 거점으로 전환해야 한다.

각 문화원에 콘텐츠 비즈니스 전문 인력을 배치하고, 현지 바이어와 직접 소통할 수 있는 상설 비즈니스 라운지를 운영해야 한다. 단순히 문화를 소개하는 공간에서 벗어나 실제 거래가 일어나는 비즈니스 허브로 기능해야 한다.

특히 현지 시장 정보 수집과 분석 기능을 강화해야 한다. 각국의 콘텐츠 규제, 심의 기준, 세금 정책, 유통 구조 등 실무적인 정보를 실시간으로 업데이트하여 국내 기업들에게 제공해야 한다. 또한, 현지 주요 플레이어들과의 네트워크를 구축하여 신규 진출 기업들이 빠르게 시장에 안착할 수 있도록 지원해야 한다.

KOTRA의 해외 무역관과의 협업도 필수적이다. KOTRA가 보유한 127개 해외 무역관 네트워크를 활용하여 문화원이 없는 지역까지 커버할 수 있다. 특히 신흥 시장의 경우 KOTRA 무역관 내에 K-콘텐츠 전담 데스크를 설치하여 초기 시장 개척을 지원할 수 있다.

──────────── ✳ 데이터 주권 확보를 위한 자체 플랫폼 구축

K-문화 디지털 무역관의 궁극적 목표는 K-콘텐츠 데이터 주권을 확보하는 것이다. 이를 위해서는 자체적인 글로벌 유통 플랫폼 구축이 필요하다.

먼저 B2B 플랫폼을 안정적으로 운영하여 거래 데이터를 축적한 후, 단계적으로 B2C 서비스로 확장해야 한다. 초기에는 해외 한류

팬들을 대상으로 한 유료 멤버십 서비스부터 시작하여, 점진적으로 일반 소비자 대상 서비스로 확대할 수 있다.

중요한 것은 플랫폼에서 발생하는 모든 데이터를 우리가 직접 관리하고 활용할 수 있어야 한다는 점이다. 소비자 행동 데이터, 선호도 분석, 시장 트렌드 등을 실시간으로 파악하여 콘텐츠 제작과 마케팅에 활용할 수 있어야 한다. 이를 통해 글로벌 플랫폼에 대한 의존도를 점진적으로 줄여나갈 수 있다.

✳ 민관 협력 거버넌스 구축

K-문화 디지털 무역관이 성공하기 위해서는 정부와 민간의 유기적 협력이 필수적이다. 플랫폼 운영은 전문성을 갖춘 민간이 주도하되, 정부는 제도적 지원과 초기 인프라 구축을 담당하는 역할 분담이 필요하다.

문화체육관광부는 플랫폼 구축을 위한 예산 지원과 함께 저작권 보호, 분쟁 조정 등 제도적 기반을 마련해야 한다. 산업통상자원부와 협력하여 통상 협상 시 K-콘텐츠 시장 개방과 규제 완화를 요구하는 것도 중요하다.

한국콘텐츠진흥원은 플랫폼 운영 주체로서 기술 개발과 시스템 구축을 담당하고, KOTRA는 해외 네트워크를 활용한 바이어 발굴과 시장 정보 제공을 지원해야 한다. 또한, 주요 제작사·유통사·플랫폼 사업자들이 참여하는 운영위원회를 구성하여 현장의 목소리를 반영해야 한다.

───── ✳ 단계별 실행 전략

K-문화 디지털 무역관은 3개년 단계별 접근 전략으로 구축해야 한다.

1단계(2026년)는 시스템 구축과 파일럿 운영에 집중한다. 핵심 5개국(미국·중국·일본·베트남·인도네시아) 대상 시범 서비스를 진행하고, B2B 거래 시스템 개발 및 안정화를 완료한다. 그리고 스마트 계약 및 자동 정산 시스템을 테스트하며, 초기 100개 기업 참여를 목표로 한다.

2단계(2027년)는 서비스 확대와 시장 다변화 단계다. 대상 국가를 20개국으로 확대하며, 유럽·중동·남미·아프리카 신흥 시장을 포함한다. 거래 가능 콘텐츠를 전 장르로 확대하고, 참여 기업 500개사 달성과 현지 파트너십 네트워크 구축을 완료한다.

3단계(2028년)는 글로벌 플랫폼 전환 단계다. B2C 서비스를 본격 도입하고, K-콘텐츠 전용 글로벌 유통 플랫폼으로 진화한다. 데이터 기반 맞춤형 추천 서비스를 구현하며, 자체 결제 시스템 및 멤버십 서비스를 운영한다.

───── ✳ 기대 효과와 성과 지표

K-문화 디지털 무역관이 성공적으로 구축되면 K-콘텐츠 수출이 획기적으로 증가할 것으로 예상된다. 2023년 133억 달러를 기록한 수출액은 통합 플랫폼 효과로 지속적으로 성장할 것이다. 더 중요

한 것은 수출 기업 수의 증가다. 현재 수출 실적이 있는 콘텐츠 기업이 약 1,000개사에 불과하지만, 디지털 무역관을 통해 중소 제작사와 신진 창작자들의 참여가 크게 늘어날 것이다.[127]

K-문화 디지털 무역관을 통해 중소 제작사와 신진 창작자들의 해외 진출 기회가 획기적으로 늘어날 것이다. 기존에는 대형 기획사 중심의 수출이었다면, 이제는 규모와 상관없이 좋은 콘텐츠를 가진 누구나 글로벌 시장에 도전할 수 있게 된다.

무엇보다 K-콘텐츠 데이터 주권 확보라는 장기적 목표 달성이 가능해진다. 우리가 만든 콘텐츠에서 발생하는 데이터를 우리가 직접 관리하고 활용함으로써, 진정한 의미의 콘텐츠 강국으로 도약할 수 있을 것이다.

K-문화 디지털 무역관은 단순한 수출 지원 플랫폼이 아니라 K-콘텐츠산업의 미래를 결정할 전략적 인프라다. 지금 당장 시작하지 않으면 글로벌 플랫폼에 대한 종속은 더욱 심화될 것이다. 정부와 민간이 힘을 합쳐 K-콘텐츠의 독립적인 유통 생태계를 구축해야 할 시점이다.

19 K-문화 AI 크리에이터: 사람 중심 '최강 비서' 역할 및 공동 창작의 새 일자리

인공지능 시대가 본격화되면서 창작의 영역에도 혁명적 변화가 일어나고 있다. 2025년 현재, 생성형 AI 시장은 빠르게 성장하고 있다. KPMG 한국에 따르면 글로벌 생성형 AI 시장 규모는 2022년 108억 달러에서 연평균 27% 성장하여 2032년 1,181억 달러에 달할 것으로 전망된다.[128]

8월 출시된 챗GPT-5와 9월 말 공개된 클로드 소네트(Claude Sonnet) 4.5가 텍스트와 코딩 영역에서 경쟁하고, 미드저니(Midjourney)와 어도비 파이어플라이(Adobe Firefly)가 이미지 창작을 주도하며, 런웨이(Runway)와 클링(Kling)이 영상 제작의 새 지평을 열고 있다. 이제 K-문화도 AI와의 공존을 모색해야 할 시점이다. 그러나 여기서 우리가 놓치지 말아야 할 핵심은, AI가 창작의 주인공이 아니라 인간 창작자의 '최강 비서'라는 점이다.

이 프로젝트는 1장에서 진단한 문화 AI와 문화기술 분야를 집중 해결한다.

문화 AI(주요 해결 분야 1)

1장에서 지적한 대로 K-문화는 해외 AI 플랫폼 의존도가 높고, 창작 과정에서의 AI 활용 전략이 부재했다. 이 프로젝트는 사람 중심의 AI 창작 생태계를 구축하여 창작자들이 AI를 최강 비서로 활용할 수 있도록 지원한다. 전국 광역 단위 K-문화 AI 크리에이터 센터를 설립하고, 분야별 AI 활용 가이드라인과 저작권 프레임워크를 마련함으로써, 창작 자율성을 확보하면서도 생산성을 극대화할 수 있다. 예상 효과로는 창작 생산성 40% 향상, 중소 창작사 경쟁력 200% 강화, AI 창작 일자리 연간 5,000개 창출이 기대된다.

문화기술(주요 해결 분야 2)

문화기술과 AI의 융합은 K-문화의 글로벌 경쟁력 핵심이다. 그러나 1장에서 지적했듯 각 분야의 AI 활용이 산발적이고 통합적 전략이 없었다. 이 프로젝트는 K-팝, K-드라마, 웹툰, 게임 등 분야별 맞춤형 AI 활용 프로세스를 개발하고, 창작 단계별로 AI가 어떤 역할을 담당할지 명확히 정의한다. 대전의 문화기술 연구 역량과 세종의 정책 인프라를 활용하여 문화기술-AI 융합 모델을 선도한다. 예상 효과로는 창작 프로세스 효율 50% 개선, 글로벌 시장 경쟁력 30% 향상이 기대된다.

또한, 문화 교육 분야에도 긍정적 파급효과를 미친다. AI 크리에이터 센터를 통해 초등학교부터 지식재산권 교육을 체계화하고, 미래 창작자들이 AI 윤리와 저작권에 대한 기초 소양을 갖추도록 지원한다.

✳ 프로젝트 규모 및 예산

- 사업 기간: 5년
- 총예산: 1조 원
- 예산 산출 근거:
  - 전국 광역 센터 구축 및 운영: 4,000억 원(17개 광역시도, 센터당 연 50억 원).
  - 분야별 AI 가이드라인 및 툴 개발: 2,000억 원(K-팝, K-드라마, 웹툰, 게임, K-무비 등 12개 분야).
  - 창작자 교육 및 지원 프로그램: 2,500억 원(연간 1만 명 교육, 1인당 500만 원).
  - 저작권 시스템 구축: 1,000억 원.
  - 예비비 및 운영비: 500억 원.
- 예상 효과:
  - 경제적 효과: 연간 3조 원 생산 유발.
  - 일자리 창출: 연간 5,000개 신규 직업군 창출(AI 프롬프트 엔지니어, AI 창작물 큐레이터, AI-인간 협업 디렉터 등).
  - 중소 창작사 경쟁력 강화로 콘텐츠 다양성 확보.

✳ 사람 중심의 AI 창작 생태계

K-문화의 성공 비결은 사람이다. 뉴진스의 독창적인 감성, 〈더 글로리〉의 치밀한 스토리텔링, 세븐틴의 퍼포먼스, 이 모든 것은 한국인의 정서와 창의성에서 비롯됐다. AI는 이러한 인간 창작자의 능력을 증폭시키는 도구일 뿐, 결코 대체재가 될 수 없다.

현재 K-팝 제작 과정에서도 AI는 이미 활용되고 있다. 음원 분석을 통한 히트곡 예측, 가상 아이돌 제작, 팬덤 데이터 분석 등 다양한 영역에서 AI가 창작을 보조하고 있다. 그러나 여전히 작곡가의 감성, 프로듀서의 직관, 아티스트의 퍼포먼스가 핵심이다. AI는 창작자가 더 많은 실험을 하고, 더 빠르게 아이디어를 구현할 수 있도록 돕는 역할을 해야 한다.

문제는 이러한 AI 활용이 체계화되지 않고 있다는 점이다. 각 분야에서 산발적으로 도입되고 있을 뿐, K-문화 전체를 아우르는 통합적인 AI 활용 전략이 부재하다. 더욱이 해외 AI 플랫폼에 대한 의존도가 높아 창작 자율성이 위협받고 있다.

✳ 분야별 AI 활용 프로세스 개발

K-문화의 각 분야는 고유한 창작 프로세스를 갖고 있다. K-팝은 작곡-편곡-녹음-믹싱-마스터링의 과정을, K-드라마는 기획-시나리오-촬영-편집-후반 작업의 단계를, 웹툰은 스토리-콘티-펜선-채색-편집의 흐름을 따른다. 각 단계에서 AI가 어떤 역할을 할 수 있는

지 명확히 정의해야 한다.

예를 들어 K-팝 제작에서 AI는 초기 멜로디 스케치 단계에서 다양한 코드 진행을 제안하고, 편곡 단계에서는 악기 배치 옵션을 제시할 수 있다. 그러나 최종 감성 터치와 아티스트 개성 반영은 반드시 인간 프로듀서가 담당해야 한다. K-드라마 제작에서는 AI가 시놉시스 작성을 보조하고 대사 다듬기를 지원할 수 있지만, 핵심 스토리라인과 캐릭터 설정은 작가의 영역으로 남겨야 한다. K-게임 개발에서는 AI가 레벨 디자인 자동화와 NPC 대화 생성을 지원하지만, 게임의 핵심 재미 요소와 밸런스 조정에는 여전히 게임 디자이너의 전문성이 필요하다.

한국콘텐츠진흥원은 2025년부터 'AI 융복합 콘텐츠 제작 지원 사업'을 통해 선도형 기업에 최대 7억 원, 진입형 기업에 2억 원을 지원하고 있다.[129] 이러한 정부 지원이 단순한 기술 도입이 아닌, 각 분야 특성에 맞는 AI 활용 방법론 개발로 이어져야 한다.

✳ 저작권과 윤리 가이드라인 확립

AI 창작물의 저작권 문제가 새로운 전환점을 맞았다. 2025년 6월, 문화체육관광부와 한국저작권위원회는 「생성형 인공지능 활용 저작물의 저작권 등록 안내서」를 발표했다.[130] 이 안내서는 AI가 단순히 생성한 결과물은 여전히 저작권 등록이 불가능하지만, 인간이 창작 과정에서 AI를 도구로 활용하고 창작적 기여를 한 부분이 있으면 'AI 활용 저작물'로서 저작권 등록이 가능하다고 명시했다.

인간의 창작적 기여가 인정되는 경우는 세 가지로 구분된다. 첫째, 이용자가 자신의 저작물을 프롬프트로 입력해 생성된 AI 결과물에 그 저작물의 창작성이 나타난 경우, 둘째, AI 산출물을 수정·증감하는 추가 작업에 창작성이 있는 경우, 셋째, AI 산출물을 선택하고 배열 또는 구성한 것에 창작성이 있는 경우다. 단, 프롬프트 입력 행위만으로는 일반적으로 창작적 기여로 인정되지 않으며, 오탈자 수정이나 단순 색상 변경 등도 창작성으로 보기 어렵다.

이러한 정책 변화는 실제 사례로 이어지고 있다. 2024년 12월, 나라AI필름의 〈AI 수로부인〉이 한국저작권위원회로부터 편집저작물로 인정받아 국내 최초이자 세계 두 번째로 AI 영화 저작권 등록 사례가 되었다. 한국음악저작권협회도 2025년 3월부터 AI 음악 등록 시 AI 활용 여부를 명확히 구분하는 새로운 정책을 시행한다.[131]

K-문화 창작자들은 이제 AI를 활용하면서도 자신의 창작물을 보호받을 수 있는 명확한 기준을 갖게 되었다. 핵심은 AI를 창작의 주체가 아닌 도구로 활용하되, 인간의 창작적 개입과 기여를 명확히 증명할 수 있는 프로세스를 확립하는 것이다. 동시에 정부는 저작물 공정 이용 가이드라인을 2025년 11월까지 마련하여, AI 학습 데이터의 저작권 문제도 명확히 할 예정이다.

✳ K-문화 AI 크리에이터 센터 설립

전국 광역 단위로 K-문화 AI 크리에이터 센터를 설립해야 한다.

서울에는 K-팝과 OTT 플랫폼 중심의 종합 센터를, 각 지역에는 특화 센터를 두어 지역별 문화자원과 연계한 AI 창작 생태계를 구축해야 한다.

각 센터에서는 AI 도구 활용 교육뿐만 아니라, 창작 철학과 윤리, 저작권 교육, 비즈니스 모델 개발까지 종합적인 커리큘럼을 제공해야 한다. 특히 초등학교부터 지식재산권 교육을 의무화하여, 미래 창작자들이 자신의 권리를 지킬 수 있는 기초 소양을 갖추도록 해야 한다.

정부는 2025년 'AI 바우처 지원사업'과 '범정부 초거대 AI 공통 기반 구현 사업'을 통해 공공부문의 AI 활용을 확대하고 있다.[132] 이러한 인프라를 K-문화 창작 분야와 연계하여, 창작자들이 안전하고 효율적으로 AI를 활용할 수 있는 환경을 조성해야 한다.

✳ 새로운 일자리와 기회 창출

AI는 기존 창작자의 일자리를 빼앗는 것이 아니라 새로운 직업군을 만들어낸다. AI 프롬프트 엔지니어, AI 창작물 큐레이터, AI-인간 협업 디렉터, AI 윤리 감수자 등 새로운 전문 영역이 등장하고 있다. K-문화 AI 크리에이터는 이러한 새로운 역할을 수행하면서 K-문화의 지속 가능한 발전을 이끌어갈 것이다.

특히 중소 창작사와 1인 창작자들에게 AI는 기회가 될 수 있다. 대형 제작사만이 가능했던 고품질 콘텐츠 제작이 AI의 도움으로 소규모 팀에서도 가능해진다. 다만 이를 위해서는 체계적인 교육과 지원이 필수적이다.

K-문화 AI 크리에이터 양성은 단순한 기술 교육이 아니다. 한국 문화의 정체성을 이해하고, 인간 중심의 창작 철학을 견지하면서, AI를 도구로 활용할 수 있는 융합형 인재를 키우는 것이다. AI 시대에도 K-문화가 인간의 감성과 창의성으로 세계를 감동시킬 수 있도록, 사람과 AI가 조화롭게 협업하는 창작 생태계를 만들어가야 한다.

3장

실행 플랜:
누가, 무엇을, 언제, 어떻게

20 실행 총론: 왜 지금인가, 어떻게 할 것인가

———— ✳ K-컬처산업화의 골든타임:
지금이 마지막 기회인 이유

2025년 9월, 우리는 K-컬처 역사상 가장 중요한 변곡점에 서 있다. 넷플릭스의 〈케이팝 데몬 헌터스〉가 2억 3,600만 뷰로 넷플릭스 영화 역대 1위를 달성한 데 이어, 최종적으로 3억 2,510만 뷰를 기록하며 넷플릭스 역사상 최초로 3억 뷰를 돌파한 타이틀이 되었다.[133] 이 사례는 K-컬처의 글로벌 파급력을 입증했지만, 동시에 우리의 구조적 한계도 적나라하게 드러냈다. 제작은 소니 픽처스가, 유통은 넷플릭스가 주도하며 데이터와 수익의 대부분을 해외 플랫폼이 가져갔다. 이대로 방치하면 K-컬처는 영원히 '콘텐츠 하청 기지'로 전락할 것이다.

왜 지금이 마지막 기회인가? 첫째, 기술 전환의 임계점이다. AI와 메타버스 기술이 문화산업의 패러다임을 완전히 바꾸고 있다. 챗GPT가 창작의 도구가 되고, 가상 아이돌이 실제 아티스트와 경쟁하는 시대가 열렸다. 지금 이 기술 혁명의 주도권을 잡지 못하면 K-컬처는 과거의 영광에 머물 수밖에 없다. 2025년 전 세계 생성형 AI 시장 규모는 670억 달러로 예상되며, 이 중 창작 분야가 급속히 성장하고 있다.[134] 우리가 이 흐름을 주도하지 못하면 다시 기술 종속국이 된다.

둘째, 플랫폼 경쟁의 격화다. 넷플릭스, 디즈니플러스, 애플TV+ 등 글로벌 OTT가 콘텐츠 확보 전쟁을 벌이고 있다. 이들은 단순히 콘텐츠를 구매하는 것이 아니라 제작 단계부터 참여하여 IP를 통째로 가져가고 있다. 한국 콘텐츠에 대한 글로벌 수요가 폭발적으로 증가하는 지금이야말로 우리만의 플랫폼을 구축하고 협상력을 높일 수 있는 절호의 기회다.

셋째, 세대교체의 시점이다. K-컬처를 이끌어온 1세대 창작자들이 은퇴를 앞두고 있다. 이들의 노하우와 경험이 체계적으로 전수되지 않으면 K-컬처의 창작 DNA가 단절될 위험이 있다. 동시에 디지털 네이티브 세대가 창작의 주역으로 부상하고 있다. 이 두 세대를 연결하고 시너지를 창출할 수 있는 시간이 얼마 남지 않았다.

✳ 기회의 창이 닫히기 전에

국제 경쟁 환경은 우리를 기다려주지 않는다. 중국은 2025년까지 문화산업 GDP 비중을 5%로 확대하겠다는 목표를 세우고 막대한 투자를 쏟아붓고 있다.[135] 일본은 '쿨 재팬' 전략을 통해 애니메이션과 게임산업의 글로벌 지배력을 강화하고 있다. 인도와 동남아시아 국가들도 자국의 문화콘텐츠 육성에 국가적 역량을 집중하고 있다.

더 중요한 것은 K-콘텐츠에 대한 글로벌 관심이 정점에 달했다는 사실이다. 2024년 한국 방문 외국인 관광객은 1,637만 명을 기록했고, K-컬처가 주요 방문 동기로 작용했다.[136] 전 세계 87개국 252개소의 세종학당에서 21만 명이 한국어를 배우고 있다.[137] 이러한 열기가 식기 전에 구조적 혁신을 단행해야 한다.

특히 주목해야 할 것은 2026~2028년이 정책 실행의 골든타임이라는 점이다. 이때는 새 정부가 출범한 지 3년 차로 정책 추진력이 가장 강한 시기다. 또한, 2027년은 K-팝이 본격적으로 세계 무대에 진출한 지 15년이 되는 해로, K-컬처의 미래 방향을 결정짓는 중요한 분수령이 될 것이다.

지금 놓치면 다시 오지 않을 기회다. 1장에서 진단한 문제들은 이미 임계점을 넘어섰다. 서울 중심의 콘텐츠 생산, 플랫폼 종속, 창작자 착취, 기술 격차는 더 이상 방치할 수 없는 수준이다. 2장에서 제시한 7 Star 전략은 이러한 문제들을 통합적으로 해결할 수 있는 마지막 기회다. 더는 미룰 수 없다.

✳ 실행의 원칙과 철학: 민관 협력의 새로운 패러다임

K-컬처의 성공은 정부가 만든 것이 아니다. 기획사·창작자·기술 기업들이 피와 땀으로 일궈낸 결과다. 정부의 역할은 이들이 마

음껏 창작하고 사업할 수 있는 환경을 조성하는 것이어야 한다. 7 Star 프로젝트 실행의 첫 번째 원칙은 '민간 주도, 정부 지원'이다.

그렇다면 구체적으로 어떻게 할 것인가? 첫째, 의사결정 구조부터 바꿔야 한다. 총리실 직속 'K-컬처전략위원회'를 구성하되, 민간 전문가가 60% 이상 참여하며 K-컬처 정책의 최고 의사결정 기구로 기능한다.

둘째, 예산 집행 방식을 혁신한다. 정부가 직접 사업을 수행하는 것이 아니라, 민간에 위탁하고 성과를 관리하는 방식으로 전환한다. 예를 들어 K-문화 디지털 자산화 프로젝트는 블록체인 전문 기업이 주도하고, 정부는 초기 자금과 제도적 지원만 제공한다. 성공하면 수익을 공유하고, 실패하면 경험을 축적하는 '리스크 공유형' 모델을 도입한다.

셋째, 규제는 과감히 풀고 지원은 과감히 한다. 규제샌드박스를 통해 신기술과 새로운 비즈니스 모델을 즉시 테스트할 수 있도록 한다. 메타버스 공연, NFT 거래, AI 창작물 등 기존 법체계로 포괄할 수 없는 영역은 '선(先) 허용 후(後) 규제' 원칙을 적용한다.

✳ 현장 중심, 성과 중심 접근법

20년간 문화정책 현장에서 목격한 가장 큰 문제는 '책상에서 만든 정책'이었다. 현장을 모르는 공무원들이 서류로만 정책을 만들고, 현장은 그 정책에 맞춰 억지로 사업을 진행한다. 이런 악순환을 끊어야 한다.

현장 중심 접근의 핵심은 '거꾸로 설계(Backward Design)'다. 먼저 현장에서 필요한 것이 무엇인지 파악하고, 이어서 그것을 해결하기 위한 정책을 만든다. 예를 들어 웹툰 작가들이 "해외 진출 시 번역 비용이 부담된다"라고 하면, 즉시 'AI 번역 지원 시스템'을 구축하는 식이다.

이를 위해 K-컬처 11개 분야별로 '현장 자문단'을 구성한다. 각 분야 실무자 10명씩, 총 110명의 현장 전문가가 매월 정책 피드백을 제공한다. 이들의 의견 중 70% 이상 동의를 얻은 사안은 즉시 정책에 반영하는 '현장 우선주의'를 확립한다.

성과 중심 접근은 투입이 아닌 결과를 평가한다는 의미다. 예산을 얼마나 집행했는지가 아니라, 그 예산으로 무엇을 달성했는지를 본다. K-문화 테마파크 건설에 1조 원을 투입했다면, 그것으로 관광객이 얼마나 증가했고, 일자리가 얼마나 창출됐으며, 지역경제가 얼마나 활성화됐는지를 측정한다.

성과 평가는 실시간으로 이루어진다. 분기별 대시보드를 통해 7 Star 프로젝트의 진행 상황을 투명하게 공개하고, 목표 달성률이 70% 미만인 사업은 즉시 원인을 분석하여 개선한다. 반대로 초과 달성한 사업은 확대 시행한다. 이러한 '애자일(Agile) 정책 관리'를 통해 정책의 민첩성과 효과성을 극대화한다.

✳ 퀵 윈과 롱텀 비전의 균형

정책의 지속 가능성을 위해서는 단기 성과와 장기 비전의 균형이 필수다. 퀵 윈(Quick Win) 없이는 정치적 지지를 얻을 수 없고, 롱텀 비전(Long-term Vision) 없이는 근본적 변화를 이룰 수 없다.

퀵 윈 전략으로 6개월 내 가시적 성과를 창출한다. K-팝 콘서트 NFT 티켓 발행, AI 작곡 플랫폼 출시, AR 게임 론칭 등 즉시 실행 가능하고 파급효과가 큰 프로젝트를 선정한다. 이를 통해 정책의 실효성을 증명하고 국민의 관심과 지지를 확보한다.

동시에 10년 후를 내다보는 장기 전략을 추진한다. K-문화 국제 학교를 통한 글로벌 인재 양성, 문화기술 R&D를 통한 기술 자립, 지역 문화산업 클러스터를 통한 균형발전 등은 단기간에 성과가 나오지 않지만, K-컬처의 미래를 결정짓는 핵심 과제다.

이 두 가지를 연결하는 것이 '마일스톤(Milestone) 관리'다. 10년 목표를 3년 단위로 나누고, 다시 1년·분기·월 단위로 세분화하여 관리한다. 예를 들어 '2035년 K-컬처 수출 500억 달러'라는 장기 목표를 위해, 2028년 250억 달러, 2026년 150억 달러라는 중간 목표를 설정하고, 이를 달성하기 위한 분기별 액션 플랜을 수립하는 식이다.

───────── ✳ **통합 실행 체계**

'1장 문제 해결 → 2장 전략 실행 → 3장 로드맵'의 연계가 핵심이다.

7 Star 프로젝트의 성공은 세 장의 유기적 연계에 달려 있다. 1장에서 진단한 문제들을 2장의 7개 전략으로 해결하고, 3장의 실행

로드맵으로 구현하는 '진단-전략-실행의 삼위일체' 구조다.

구체적 연계 메커니즘을 보자. 1장에서 진단한 '문화정책의 부처 간 칸막이' 문제는 2장의 'K-문화 디지털 무역관' 전략으로 해결되고, 3장의 '총리실 직속 거버넌스' 구축으로 실행된다. '문화기술 R&D의 죽음의 계곡' 문제는 'K-문화기술 스케일업' 전략으로 극복되며, '5개 권역 시범사업'을 통해 단계적으로 실증된다. '창작자 착취 구조' 문제는 'K-문화 디지털 자산화' 전략으로 개선되고, '블록체인 기반 저작권 관리 시스템'으로 구현된다.

이러한 연계가 실제로 작동하려면 '통합 프로젝트 관리 시스템 (IPMS)'이 필요하다. 문제 영역별 개선도, 전략별 진척도, 실행과제별 달성률을 하나의 대시보드에서 실시간으로 모니터링한다. 예를 들어 '저작권 문제'의 개선도가 30%라면, 관련된 '디지털 자산화' 전략의 진척도를 점검하고, '법·제도 개선' 실행과제를 가속화하는 식이다.

✳ 5개 실행과제 간 상호연관성

3장의 5개 실행과제는 독립적으로 작동하는 것이 아니라 상호 강화하는 관계다. 파일럿 프로그램의 퀵 윈이 투자 생태계의 민간 투자를 촉진한다. 초기 성공 사례가 나오면 벤처캐피털과 대기업이 후속 투자에 나서고, 이는 다시 프로젝트 확대로 이어진다.

법·제도 인프라가 규제를 완화하면 파일럿 프로그램의 실험 범위가 넓어지고, 거버넌스 혁신이 부처 간 협업을 원활하게 하면 투자 생태계가 활성화된다. 인재 육성이 창작자 공급을 늘리면 파일럿 프로그램의 프로젝트 선택지가 풍부해진다.

이러한 상호작용을 극대화하기 위해 '기능횡단팀(Cross-functional Team)'을 운영한다. 각 실행과제 책임자들이 주 1회 합동 회의를 갖고, 과제 간 시너지 창출 방안을 논의한다. 예를 들어 법·제도팀이 'NFT 거래 규제 완화'를 추진하면, 파일럿팀은 즉시 'K-팝 NFT 마켓플레이스'를 실험하고, 투자팀은 관련 스타트업에 자금을 지원하는 식이다.

✳ 총리실 직속 거버넌스의 필요성

왜 총리실 직속이어야 하는가? 문화체육관광부 단독으로는 한계가 명확하기 때문이다. K-컬처는 문화(문체부), 기술(과기정통부), 산업(산업부), 창업(중기부), 교육(교육부), 외교(외교부) 등 최소 6개 부처가 관련된 융복합 영역이다. 부처 간 조정 권한이 없는 문체부가 이를 총괄하기는 불가능하다.

'K-컬처전략위원회'는 다음과 같은 권한을 가져야 한다.[138]

- 통합 예산 편성권: 각 부처에 흩어진 K-컬처 관련 예산을 통합 관리.
- 정책 조정권: 부처 간 정책 충돌 시 최종 결정.
- 인사 추천권: 주요 기관장 및 프로젝트 책임자 임명에 관여.
- 성과 평가권: 부처별 K-컬처 정책 성과 평가 및 예산 연계.

위원회 구성은 정부 40%, 민간 60%로 하되, 위원장은 국무총리,

부위원장은 민간 전문가가 맡는다. 실무는 '전략기획단'이 담당하며, K-컬처 11개 분야별 전문위원회가 구체적 정책을 입안한다.

특히 중요한 것은 원스톱 서비스 기능이다. K-컬처 기업이나 창작자가 정부 지원을 받으려면 여러 부처를 전전해야 하는 현실을 개선한다. K-컬처전략위원회가 단일 창구가 되어 모든 지원을 통합 제공하는 것이다.

✳ 성공을 위한 핵심 요소(Critical Success Factors)

7 Star 프로젝트의 성공을 좌우할 핵심 성공 요인은 다섯 가지다.

첫째, 정치적 의지의 지속성이다. 정권이 바뀌어도 K-컬처 정책이 흔들리지 않도록 초당적 합의를 이끌어내야 한다. 이를 위해 'K-컬처기본법'을 제정하여 법적 근거를 마련하고, 10년 단위 장기 계획을 수립한다. 여야 정치인, 시민사회, 산업계가 참여하는 '국민 대타협'을 통해 K-컬처를 국가 의제로 격상시킨다.

둘째, 충분한 재원 확보다. 1조 원 K-컬처펀드는 시작에 불과하다. 궁극적으로 10조 원 규모의 투자가 필요하다.[139] 정부 예산 3조 원, 민간투자 4조 원, 해외 투자 3조 원으로 구성하되, 단계적으로 확대한다. 특히 연기금과 공기업 투자를 유도하고, 세제 혜택을 통해 민간 참여를 촉진한다.

셋째, 전문 인력 확보다. 정책을 실행할 전문가가 부족하다. 문화와 기술, 비즈니스를 모두 이해하는 융합형 인재가 필요하다. K-

문화 국제학교를 통해 장기적으로 양성하되, 단기적으로는 민간에서 영입한다. 특히 해외 경험이 풍부한 한국계 인재를 적극 유치한다.

넷째, 글로벌 네트워크 구축이다. K-컬처는 태생적으로 글로벌 산업이다. 해외 파트너 없이는 성공할 수 없다. 할리우드 스튜디오, 중국 IT 기업, 일본 게임사 등과 전략적 제휴를 맺는다. 단순 하청이 아닌 대등한 파트너십을 구축하여 IP를 공유하고 수익을 배분한다.

다섯째, 실패를 용인하는 문화다. 문화산업은 본질적으로 고위험 고수익이다. 10개 중 8개는 실패하고 2개만 성공해도 전체 수익을 낼 수 있다. 그런데 지금 우리는 실패를 용납하지 않는다. 감사지적을 두려워해 안전한 사업만 한다. 이를 바꿔야 한다. 실패를 자산으로 인정하고, 재도전을 지원하는 문화를 만들어야 한다.

✳ 리스크 관리 방안

모든 대규모 프로젝트에는 리스크가 따른다. 7 Star 프로젝트도 예외가 아니다. 사전에 리스크를 식별하고 대응 방안을 마련해야 한다.

기술적 리스크는 AI, 블록체인, 메타버스 등 신기술의 미성숙에서 비롯된다. 기술 실패 가능성에 대비해 다중 기술 옵션을 확보하고, 단계적 실증을 통해 검증한다. 또한, 해외 선진 기술을 벤치마킹하되, 우리 실정에 맞게 현지화한다.

시장 리스크는 K-컬처 인기의 지속성과 관련된다. 중국, 인도 등 경쟁국이 부상하고 있다. 이에 대응해 지속적인 혁신으로 경쟁력을 유지하고, 니치 마켓을 공략한다. 또한, K-컬처를 넘어 '글로벌 컬처'로 진화시켜 시장을 확대한다.

정치적 리스크는 정권 교체, 여소야대 등 정치 상황 변화로 나타난다. 이를 최소화하기 위해 초당적 지지 기반을 구축하고, 시민사회와 산업계의 지지를 확보한다. 또한, 초기 성과를 빠르게 창출하여 정책의 필요성을 증명한다.

운영 리스크는 부처 간 갈등, 민관 협력 실패 등에서 발생한다. 명확한 역할 분담과 책임 소재를 정하고, 갈등 조정 메커니즘을 사전에 마련한다. 정기적인 소통과 투명한 정보 공유로 신뢰를 구축한다.

✳ 지속 가능성 확보 전략

7 Star 프로젝트가 일회성으로 끝나지 않고 지속 가능하려면 자생력을 키워야 한다. 정부 지원에 의존하지 않고 자체적으로 성장할 수 있는 생태계를 구축하는 것이 핵심이다.

수익 모델 다각화로 단순 콘텐츠 판매를 넘어 IP 라이선싱, 머천다이징, 관광, 교육 등 다양한 수익원을 창출한다. K-문화 테마파크는 입장료뿐 아니라 숙박, F&B, 기념품 판매로 수익을 낸다. K-문화 국제학교는 등록금뿐 아니라 온라인 교육, 기업 연수로 수익을 확대한다.

민간 주도 전환을 통해 초기에는 정부가 주도하되, 점진적으로 민간에 이양한다. 3년 내 민간 비중을 70%로 높이고, 5년 내 완전 민영화를 목표로 한다. 정부는 규제 완화와 인프라 제공에 집중하고, 사업 운영은 민간이 담당한다.

재투자 선순환 구조를 통해 수익을 다시 K-컬처 발전에 재투자한다. K-컬처펀드 수익금을 신진 창작자 지원에 사용하고, 성공한 기업이 스타트업을 인큐베이팅하도록 유도한다. 이러한 '페이 잇 포워드(Pay It Forward)' 문화가 생태계를 건강하게 만든다.

글로벌 확장을 통해 한국 시장의 한계를 넘어선다. 처음부터 글로벌을 겨냥하여 K-문화 테마파크를 해외에 수출하고, K-문화 국제학교를 해외에 설립한다. K-컬처 IP를 글로벌 브랜드로 육성하여 지속적인 로열티 수입을 창출한다.

차세대 육성을 통해 K-컬처의 미래를 준비한다. 청소년 창작 프로그램, 대학생 창업 지원, 신진 아티스트 발굴 등을 통해 지속적으로 새로운 인재를 공급한다. 특히 지역과 소외계층에서도 인재가 나올 수 있도록 기회를 확대한다.

────── ✳ 실행의 시작

K-컬처의 미래는 지금 우리의 선택에 달려 있다. 〈오징어 게임〉과 K-팝이 보여준 가능성과 한계를 직시하고, 구조적 혁신을 단행해야 한다. 1장에서 진단한 문제들을 2장의 7개 전략으로 해결하고, 3장의 5개 실행과제로 구현하는 것. 그것이 우리가 제시한 로드

맵이다.

성공의 열쇠는 실행이다. 더 이상 '검토하겠다', '연구하겠다'는 말은 필요 없다. 퀵 윈으로 가능성을 증명하고, 롱텀 비전으로 미래를 열어야 한다. 민간이 주도하고 정부가 지원하며, 현장이 중심이 되고 성과로 평가받는 새로운 패러다임을 확립해야 한다.

7 Star 프로젝트는 단순한 정책 제안이 아니다. K-컬처가 일시적 유행이 아닌 영구적 자산이 되고, 대한민국이 문화강국을 넘어 문화제국이 되는 길을 여는 마스터플랜이다. 지금이 그 여정을 시작할 때다. 더는 망설일 시간이 없다.

21

36개월 시범사업 로드맵

---✳ **퀵 윈으로 시작하는 K-컬처 혁신의 첫걸음**

K-컬처의 글로벌 산업화는 거창한 청사진만으로 이루어지지 않는다. 아무리 완벽한 전략도 '작은 성공의 연쇄'가 없으면 관료주의의 늪에 빠져 사라진다. 1장에서 진단한 11개 분야의 고질적 문제들, 2장에서 제시한 7 Star 전략의 거대한 비전, 이 모든 것을 현실로 만들기 위해서는 36개월간의 치밀한 시범사업이 필수다.

특히 첫 6개월이 관건이다. 이 시기에 가시적 성과를 내지 못하면 정권이 바뀌고 담당자가 교체되면서 모든 것이 원점으로 돌아간다. 우리는 이미 너무 많은 '용두사미' 정책을 목격했다. 한류진흥 10개년 계획, 문화기술 R&D 혁신 방안, 지역 문화 균형발전 전략… 이 모든 정책이 왜 실패했는가? 바로 퀵 윈이 없었기 때문이다.

5개 권역 전략적 배치:
집중과 차별화

전국을 하나의 덩어리로 보고 접근하는 것은 20세기 방식이다. K-컬처산업화는 지역별 특성을 극대화하는 '선택과 집중'에서 시작해야 한다.[140] 36개월 시범사업을 위해 전국을 5개 권역으로 나누되, 각 권역의 DNA를 살린 차별화 전략을 구사한다.

수도권: 글로벌 허브 구축(서울-경기-인천)

수도권은 이미 K-컬처의 심장부다. SM, YG, 하이브, CJ ENM 등 대형 엔터테인먼트 기업들이 집중되어 있고, 인천국제공항을 통해 전 세계와 연결된다. 하지만 문제는 이들이 각자도생하며 해외 플랫폼에 종속되어 있다는 점이다.

수도권 시범사업의 핵심은 'K-컬처 글로벌 게이트웨이'다. 상암 DMC, 판교 테크노밸리, 인천 송도를 연결하는 삼각 벨트를 구축한다. 상암에는 K-컬처 디지털 자산화 센터를 설립해 블록체인 기반 저작권 관리 시스템을 구축한다.[141] 판교에는 AI 크리에이터 양성소를 만들어 넥스트 제너레이션 CT를 실험한다. 송도에는 K-컬처 국제학교 1호를 개교해 전 세계 인재들을 끌어모은다.

첫 6개월 내 퀵 윈 프로젝트는 '글로벌 K-팝 페스티벌 NFT 발행'이다. 2027년 상반기 개최 예정인 대형 K-팝 콘서트의 모든 티켓을 NFT로 발행하고, 공연 실황을 메타버스로 동시 중계한다. 이를 통해 디지털 자산화의 실효성을 즉각 입증한다.

충청권: 기술 클러스터 조성(대전-세종-충남-충북)

충청권은 대덕연구단지와 세종정부청사라는 두 축을 보유하고 있다. ETRI(한국전자통신연구원), KIST(한국과학기술연구원) 등 국책 연구기관의 기술력과 정부 부처의 정책 결정권이 만나는 지점이다. 그런데 지금까지는 이 둘이 따로 놀았다. 연구는 연구대로, 정책은 정책대로 진행되어 시너지를 내지 못했다.[142]

충청권 시범사업은 '문화기술 상용화 패스트트랙' 구축에 집중한다. 대전 대덕특구에 K-문화기술 스케일업 센터를 설립하고, 실험실의 기술이 6개월 내 시장에 나올 수 있는 프로세스를 만든다. 세종시에는 문화정책 실증 특구를 지정해 규제샌드박스를 전면 적용한다.

퀵 원 프로젝트는 'AI 작사·작곡 플랫폼 상용화'다. ETRI가 개발한 AI 음악 생성 기술을 활용해, 일반인도 K-팝 스타일의 음악을 만들 수 있는 플랫폼을 6개월 내 출시한다. 이미 기술은 완성되어 있다. 필요한 것은 상용화를 위한 집중 지원뿐이다.

영남권: 콘텐츠 제작 메카(부산-대구-울산-경남-경북)

영남권은 부산국제영화제, 부산콘텐츠마켓(BCM) 등 이미 국제적 브랜드를 보유하고 있다. 또한, 부산은 〈범죄와의 전쟁〉, 〈친구〉 등 한국 영화의 새로운 장을 연 작품들의 배경이 된 도시다. 하지만 수도권 집중 현상으로 인재와 자본이 빠져나가고 있는 실정이다.[143]

영남권 시범사업의 목표는 '제2의 할리우드' 조성이다. 부산 센텀시티와 해운대를 연결하는 지역에 K-컬처 테마파크를 조성하되, 단순 관광시설이 아닌 '살아 있는 스튜디오'로 만든다. 관광객들이 실제 드라마 촬영 현장을 체험하고, 엑스트라로 참여할 수 있는 혁신적 모델을 구축한다.

퀵 윈 프로젝트는 '부산 영화 투어 AR 앱 개발'이다. 부산국제영화제와 연계하여 〈범죄와의 전쟁〉, 〈해운대〉, 〈친구〉 등 부산을 배경으로 한 명작 영화들의 촬영지를 AR로 체험할 수 있는 앱을 6개월 내 출시한다. 실제 촬영 장소에서 스마트폰으로 영화 속 명장면을 재현하며, 부산시와 부산영상위원회의 지원을 받아 진행한다.

강원권: 관광-문화 융합 거점(강원특별자치도)

강원권은 2018 평창 동계올림픽 이후 구축된 국제적 인프라와 청정 자연환경을 보유하고 있다. 특히 춘천, 강릉, 평창 등은 K-드라마 〈도깨비〉, 〈더 글로리〉 등의 촬영지로 한류 팬들의 성지가 되었다. 하지만 일회성 관광에 그치고 있어 지속 가능한 비즈니스 모델이 필요하다.

강원권 시범사업은 'K-컬처 힐링 투어리즘'에 집중한다. 춘천에 K-드라마 촬영지 VR 체험관을 조성하고, 강릉에는 K-푸드 체험센터를 설립한다. 평창의 올림픽 시설은 K-스포츠 국제 훈련 센터로 전환하여 전 세계 태권도·쇼트트랙 선수들의 훈련 거점으로 만든다.[144]

퀵 윈 프로젝트는 'K-드라마 촬영지 디지털 스탬프 투어'다. 강원도 전역의 드라마 촬영지를 연결하는 디지털 스탬프 투어 앱을 개발하여, 관광객들이 촬영지를 방문할 때마다 NFT 기념품을 수집할 수 있게 한다. 강원도관광재단과 협력하여 6개월 내 출시한다.

호남권: 전통문화 현대화 실험실(광주-전북특별자치도-전남)

호남권은 판소리, 한지, 한식 등 전통문화의 보고다. 광주는 비엔날레와 디자인 도시로서의 정체성을 가지고 있으며, 전주는 한옥마을과 영화의 거리로 유명하다. 그러나 이러한 자산들이 산업화로 연결되지 못하고 있다.

호남권 시범사업은 '전통문화 IP의 글로벌 재창조'에 초점을 맞춘다. 광주에 K-전통문화 콘텐츠 스튜디오를 설립하여 판소리를 현대 음악과 융합한 퓨전 공연을 제작한다. 전주에서는 K-푸드 글로벌 연구소를 만들어 한식의 세계화 레시피를 개발한다. 전남 나주에는 한지를 활용한 K-디자인 제품 개발 센터를 조성한다.

퀵 윈 프로젝트는 'K-푸드 메타버스 쿠킹 클래스'다. 글로벌 팬들이 메타버스에서 전주 한옥마을의 전통 한식을 실시간으로 배울 수 있는 플랫폼을 구축한다. 전북특별자치도와 한식진흥원의 지원을 받아 6개월 내 시범 운영을 시작한다.

＊ 퀵 윈 10개 프로젝트: 6개월의 승부수

36개월 시범사업의 성패는 첫 6개월에 달려 있다. 이를 위해 즉시 실행 가능하고 가시적 성과를 낼 수 있는 10개 프로젝트를 선별했다. 이들은 1장에서 진단한 11개 문제점을 직접 해결하면서, 2장의 7 Star 전략을 구현하는 마중물 역할을 한다.

① K-팝 글로벌 NFT 티켓팅(수도권): 디지털 자산화 실증

② AI 작사·작곡 플랫폼(충청권): 문화기술 상용화

③ 부산 영화 투어 AR(영남권): 콘텐츠 IP 확장

④ 한류 스타 AI 아바타 서비스(전국): AI 크리에이터 활용

⑤ K-푸드 메타버스 쿠킹 클래스(호남권): 지역 문화 글로벌화

⑥ K-뷰티 개인 맞춤 AI 진단(대구): 산업 융합 서비스

⑦ 평창 K-스포츠 디지털 아카데미(강원권): 전통문화 디지털화

⑧ 웹툰 창작자 수익 분배 블록체인(경기): 저작권 보호

⑨ K-드라마 촬영지 디지털 스탬프(강원권): 관광 연계

⑩ 한글 학습 AI 튜터(세종): 국제학교 연계

각 프로젝트는 1조 원 규모의 'K-컬처혁신펀드'에서 1,000억 원씩 집중 지원받는다. 중요한 것은 이 자금이 '마중물'이 아닌 '완주 자금'이라는 점이다. 프로토타입 개발부터 시장 출시, 초기 마케팅까지 전 과정을 지원한다.

＊ 단계별 확산 전략: 성공 DNA의 복제

1단계(0~6개월): 퀵 윈 실증

5개 권역별로 2개씩 총 10개 프로젝트를 동시 착수한다. 각 프로젝트는 월별 마일스톤을 설정하고, 매주 진척도를 점검한다. 이 단계의 목표는 '작동하는 프로토타입' 완성과 초기 시장 반응 확인이다.

2단계(7-18개월): 권역 내 확산

6개월 동안 검증된 성공 모델을 같은 권역 내 다른 지역으로 확산한다. 예를 들어, 부산 영화 투어 AR이 성공하면 대구는 '근대 골목 역사 투어', 울산은 '산업 문화유산 투어'로 변주한다. 기술 플랫폼은 공유하되 콘텐츠는 지역 특화한다.

이 단계에서는 '지역 챔피언' 육성에 집중한다. 각 권역에서 성공 사례를 주도한 인재와 기업을 선별하여 집중 지원한다. 이들이 다음 단계의 확산을 이끄는 핵심 동력이 된다.

3단계(19~30개월): 전국 네트워크화

성공 모델을 전국 17개 시도로 확대 적용한다. 이때 중요한 것은 '복사'가 아닌 '변주'다. 각 지역의 특성에 맞게 커스터마이징하되, 성공의 핵심 요소는 유지한다.

예를 들어, 전주 K-푸드 메타버스가 성공하면 경주는 '신라 궁중 음식', 제주는 '탐라 해녀 음식', 안동은 '양반 종가 음식'으로 변주한다. 플랫폼은 공통으로 사용하지만, 콘텐츠는 지역 고유성을 살린다.

24개월 차에는 중간 평가를 한다. KPI는 명확하다. 일자리 창출 1만 개, 수출 증대 1조 원, 관광객 증가 500만 명, 스타트업 육성 100개.[145] 이 중 하나라도 달성하지 못하면 전략을 즉시 수정한다.

4단계(31~36개월): 글로벌 확산

동남아시아 3개국(베트남·태국·인도네시아)에 K-컬처 국제학교 분교를 설립하고, 현지 정부와 공동으로 K-컬처산업단지를 조성한다. 이미 이들 국가는 한류 열풍으로 K-컬처에 대한 수요가 폭발적이다.

동시에 북미와 유럽 시장 진출을 본격화한다. LA와 런던에 K-컬처 쇼케이스 센터를 설립하여, 36개월간 축적된 성공 모델을 전시하고 현지 파트너십을 구축한다.

✳ 실행 방안

거버넌스: 총리실 직속 추진단 설치

시범사업의 최대 적은 '부처 이기주의'다. 문화체육관광부·과학기술정보통신부·중소벤처기업부·산업통상자원부가 각자의 영역을 지키려 하면 시너지는 불가능하다. 이를 돌파하기 위해 국무총리실 직속 'K-컬처혁신추진단'을 설치한다.

추진단장은 민간 전문가로 임명한다. 대기업 CEO 출신이나 글로벌 콘텐츠 기업 경영자가 적임자다. 부단장 5명은 각 권역을 담당하며, 현장에 상주하면서 실시간으로 문제를 해결한다.

추진단에는 '현장 해결권'을 부여한다. 규제 문제가 발생하면 즉시 규제샌드박스를 적용하고, 예산이 부족하면 예비비를 즉각 투입한다. 부처 간 협조가 필요하면 총리가 직접 조정 회의를 소집한다.

월례 보고는 대통령이 직접 받는다. 형식적인 서면 보고가 아닌, 현장 영상과 데이터 대시보드를 통한 실시간 보고다. 문제가 있으면 그 자리에서 해결 방안을 결정한다.

성과 관리: 투명성과 책임성의 조화

모든 시범사업 진행 상황은 실시간으로 공개한다. 'K-컬처 혁신 대시보드'를 구축해 예산 집행·목표 달성률·현장 이슈를 국민 누구나 볼 수 있게 한다. 투명성을 통해 신뢰를 쌓고, 국민 참여를 유도한다.

동시에 책임도 명확히 한다. 각 프로젝트 PM(Project Manager)은 3년 계약직으로 채용하되, 성과에 따라 인센티브를 차등 지급한다. 목표를 초과 달성하면 최대 연봉의 100%를 추가로 받는다. 반대로 실패하면 계약이 조기 종료된다.

실패도 자산이다. 10개 프로젝트 중 3개가 실패해도 괜찮다. 중요한 것은 '왜 실패했는가'를 정확히 분석하고 공유하는 것이다. 실패 사례집을 만들어 같은 실수를 반복하지 않도록 한다.

✳ 국내 실전 사례

강원도 평창: 2018 동계올림픽 시설을 K-스포츠 국제 훈련 센터로 전환하여 연간 3,000명의 해외 선수를 유치하고 있다. 올림픽 레거시를 K-컬처 자산으로 재활용한 성공 사례다.[146]

대전 대덕특구: ETRI의 AI 음악 생성 기술이 실험실을 벗어나 스타트업 창업으로 이어진 사례가 2024년에만 5건 발생했다. 기술 상용화 속도를 높이는 것이 핵심임을 증명한다.

광주 비엔날레: 전통 판소리와 현대 미디어아트를 융합한 작품이 2023년 베니스 비엔날레 본전시에 초청되었다. 전통문화의

현대적 재해석이 글로벌 시장에서도 통한다는 사실을 입증했다.

✳ 글로벌 벤치마크

싱가포르 미디어 허브: 정부가 10년간 5조 원을 투자하여 동남아 콘텐츠 제작 거점으로 육성했다. 핵심은 세제 혜택과 원스톱 행정 지원이었다. 우리의 5개 권역 전략도 이와 유사한 집중 지원이 필요하다.

뉴질랜드 웰링턴: 〈반지의 제왕〉 성공 이후 영화 테마파크를 조성하여 연간 200만 명의 관광객을 유치한다. 콘텐츠 IP를 관광 산업으로 확장한 모델은 부산과 강원권에 적용 가능하다.

시사점: 성공한 글로벌 사례들의 공통점은 '정부의 일관된 장기 지원'과 '민간의 창의적 실행력'이 결합했다는 것이다. 36개월은 그 시작점이다.

✳ 기대 효과

정량적 효과

- 일자리 창출: 1만 개(6개월 차 3,000개, 18개월 차 6,000개, 36개월 차 1만 개).
- 수출 증대: 1조 원(36개월 누적).
- 관광객 증가: 500만 명(36개월 누적).

- 스타트업 육성: 100개(각 권역당 20개).
- 지역 K-컬처 기업 매출 증가율: 연평균 30%.

정성적 효과

- 지역 간 K-컬처 격차 해소 및 균형발전 생태계 조성.
- 문화기술 R&D의 시장 연결 속도 3배 향상.
- 창작자 중심 수익 배분 모델 정착으로 지속 가능성 확보.
- 글로벌 시장에서 'Made in Korea' 프리미엄 브랜드 가치 상승.
- 전통문화의 현대적 재해석을 통한 문화 정체성 강화.

✳ 36개월 후의 대한민국

2029년 말, 36개월의 시범사업이 끝났을 때 대한민국은 어떤 모습일까?

수도권은 글로벌 K-컬처 기업들의 아시아 본부가 되어 있을 것이다. 넷플릭스, 디즈니, 유니버설이 서울에 제작 스튜디오를 설립하고, 한국 창작자들과 공동 제작을 일상화한다.

충청권은 문화기술의 실리콘밸리로 자리매김한다. 전 세계 문화기술 스타트업들이 대전으로 몰려들고, 유니콘 기업 10개가 탄생한다.

영남권은 아시아의 할리우드가 된다. 부산국제영화제는 칸·베니스와 어깨를 나란히 하고, 연간 1,000만 명의 관광객이 K-컬처 체험 시설을 찾는다.

강원권은 K-컬처 힐링 투어리즘의 성지가 된다. 드라마 성지 순례객들이 연중 끊이지 않고, 평창은 글로벌 K-스포츠 선수들의 훈련 거점으로 자리매김한다.

호남권은 전통문화 현대화의 실험실이 된다. 판소리 뮤지컬이 브로드웨이에 진출하고, 전주 한식이 미슐랭 가이드의 새로운 카테고리로 등재된다.

무엇보다 중요한 것은 K-컬처가 더 이상 소수 스타와 대기업의 전유물이 아니라는 점이다. 평범한 창작자도 글로벌 시장에 진출할 수 있는 길이 열리고, 지역의 작은 이야기도 세계인의 공감을 얻는다.

36개월은 시작에 불과하다. 하지만 이 36개월이 없으면 다음은 없다. 퀵 윈으로 증명하고, 차근차근 확산하며, 과감하게 글로벌로 나아간다. 이것이 K-컬처 글로벌 산업화의 첫걸음이다. 더 망설일 시간이 없다. 지금 시작해야 한다.

22

법·제도 인프라:
규제 혁신과 제도 기반

K-컬처가 전 세계를 매료시킨 지금, 우리는 역설적인 현실에 직면해 있다. 넷플릭스에서 한국 드라마가 1위를 차지하고, 케이팝 아티스트들이 세계 무대를 장악하는 동안, 정작 이들을 탄생시킨 한국의 법·제도는 20세기에 머물러 있다. 콘텐츠 관련 정책이 문화체육관광부, 과학기술정보통신부, 산업통상자원부, 중소벤처기업부로 분산되어 있고, 예산 주기는 현장과 동떨어진 채 운영되며, AI 시대의 새로운 창작 패러다임을 수용할 법적 틀은 부재한 상태다.

이제는 K-컬처의 지속 가능한 성장을 위해 낡은 규제의 족쇄를 풀고, 미래를 선도하는 법·제도 인프라를 구축해야 할 때다. 1장에서 진단한 11개 분야의 구조적 병목을 해결하고 2장에서 제시한 7 Star 전략이 현실에서 작동하려면, 규제 혁신과 제도 기반 마련이 선행되어야 한다. 이를 위해 즉시 개혁, 단기 입법, 장기 법제화라는 3단계 추진 전략을 제시한다.

∗ 법·제도 혁신이 푸는 구조적 과제들

1장에서 진단한 K-컬처의 구조적 병목 중 가장 시급한 것은 정책 구조의 문제다. 문화콘텐츠는 문화체육관광부가, 디지털 콘텐츠는 과학기술정보통신부가, 스타트업 지원은 중소벤처기업부가 각각 담당하면서 중복 투자와 사각지대가 공존한다. 단년도 예산 원칙은 2~3년이 소요되는 게임이나 드라마 제작 현실과 맞지 않는다. AI 시대의 창작 패러다임 변화 상황에서 법은 여전히 '인간의 창작물'만 보호하며, 글로벌 플랫폼 규제는 국제 규범과 괴리되어 있다.

법·제도 인프라 구축은 이러한 정책 구조를 근본적으로 개혁한다. K-컬처산업진흥특별법 제정으로 통합 거버넌스를 구축하고, 다년도 예산 근거를 마련하며, AI 저작권을 법제화하고, 국제 규범 형성을 주도한다. 이를 통해 정책 집행 효율을 30% 높이고, 기업의 규제 체감도를 50% 개선하며, 법적 불확실성을 해소하여 투자를 활성화할 수 있다.

이러한 법·제도 혁신은 다른 영역에도 긍정적 파급효과를 미친다. 특별지구 지정 권한은 지역 클러스터 조성을 촉진하고, 규제샌드박스는 신산업 육성의 토대가 되며, AI 창작물 권리 보호와 블록체인 기반 저작권 관리는 창작자의 투명한 수익 배분을 가능하게 한다. 법·제도는 K-컬처 생태계 전체를 지탱하는 보이지 않는 인프라다.

✳ 현행 법·제도의 구조적 한계와 병목 지점

K-컬처산업은 본질적으로 융복합 산업이다. 콘텐츠 제작부터 기술 개발·플랫폼 유통·해외 진출까지 전 과정이 유기적으로 연결되어 있다. 그러나 현재의 행정 체계는 이를 인위적으로 분절시킨다. 문화콘텐츠는 문화체육관광부가, 디지털 콘텐츠는 과학기술정보통신부가, 제조업 연계 콘텐츠는 산업통상자원부가, 스타트업 지원은 중소벤처기업부가 각각 담당한다.

이러한 분산된 체계는 중복 투자와 사각지대를 동시에 만든다. 웹툰 스타트업이 AI 기술을 활용해 글로벌 플랫폼을 만들려면 4개 부처를 모두 거쳐야 한다. 각 부처의 지원사업은 자기 영역만 다루기 때문에 통합적 지원을 받기는 불가능에 가깝다. 더 큰 문제는 부처 간 조율 메커니즘이 사실상 작동하지 않는다는 점이다. K-컬처 관련 정책을 총괄 조정할 수 있는 컨트롤타워가 부재한 상황에서, 각 부처는 자기 논리대로 정책을 추진한다.

정부 예산은 회계연도 단위로 편성되고 집행된다. 3월에 공고하고 12월에 정산한다. 실제 사업 기간은 5~6개월에 불과하다. 이 짧은 기간에 글로벌 경쟁력을 갖춘 콘텐츠를 만들어내라는 것은 불가능한 요구다. 게임 하나를 제대로 개발하려면 최소 2~3년이 필요하고, 글로벌 수준의 드라마 시리즈를 만들려면 기획부터 후반 작업까지 18개월 이상이 소요된다.[147] 그러나 현행 제도는 이러한 현실을 외면한다.

제17장에서 제시한 K-문화산업 클러스터 구축도 이러한 법·제도적 한계에 직면해 있다. 클러스터 조성을 위해서는 용도지역 변

경, 세제 혜택, 외국인 투자 유치 등 다양한 법적 조치가 필요하지만, 현행 제도는 개별 단계마다 복잡한 절차를 요구한다. 특히 지역별 특화 클러스터 조성 시 지방자치단체가 자율적으로 규제를 완화할 수 있는 권한이 제한되어 있어, 지역 특성에 맞는 유연한 정책 추진이 어려운 실정이다.

2025년 현재에도 한국의 저작권법은 여전히 '인간의 창작물'만을 보호 대상으로 규정하고 있다.[148] AI가 생성한 콘텐츠는 아무리 창의적이고 예술적 가치가 높아도 그 자체로는 저작권 보호를 받을 수 없다. 2025년 7월 정부가 발표한 가이드라인에 따르면, AI를 도구로 활용하되 인간의 창작적 개입이 입증되는 경우에 한해 저작권 등록이 가능하다. 그러나 이는 여전히 가이드라인 수준에 머물러 있어 법적 확실성을 보장하지 못한다.

더 큰 문제는 AI 학습 데이터 활용과 관련된 법적 공백이다. AI 모델이 기존 저작물을 학습하는 것이 저작권 침해인지, 공정 이용인지에 대한 명확한 기준이 없다. 미국과 유럽은 이미 관련 법제를 정비하고 있지만, 한국은 2023년 안내서 발표 이후 2025년 3월에야 '인공지능-저작권 제도 개선 협의체'를 출범시켜 본격적인 제도 개선에 나섰다. 이러한 법적 불확실성은 K-컬처 기업들의 AI 기술 도입을 주저하게 만들고, 결과적으로 글로벌 경쟁력 약화로 이어진다.

✳ 즉시 개혁:
규제샌드박스를 통한 신속 대응

K-컬처산업 발전을 가로막는 30개 핵심 규제를 선정하여 규제 샌드박스를 통해 즉시 완화해야 한다. 한국은 2019년부터 규제샌드박스 제도를 운영하고 있으며, ICT 융합, 산업 융합, 혁신금융, 규제 자유 특구, 스마트 도시, 연구개발 특구, 모빌리티, 순환경제 등 8개 분야로 확대되어 2024년 6월 기준 누적 1,266건이 승인되었다.[149] 그러나 문화콘텐츠 분야의 활용은 극히 저조한 실정이다.

우선 완화가 필요한 규제는 다음과 같다. 온라인 공연 및 전시에 대한 오프라인 기준 적용 규제를 철폐해야 한다. 메타버스 공연장이나 NFT 갤러리는 기존 공연법이나 박물관법의 적용을 받을 이유가 없다. 콘텐츠 제작 스튜디오의 입지 규제를 완화해야 한다. 도심 내 유휴 공간을 활용한 소규모 스튜디오 설립이 가능하도록 용도지역 제한을 풀어야 한다. 이는 제17장에서 제시한 클러스터 조성에도 직접적으로 기여할 것이다. 해외 투자 유치 관련 외국환거래 규제를 간소화해야 한다. 글로벌 펀드가 K-컬처 스타트업에 신속하게 투자할 수 있도록 절차를 대폭 간소화해야 한다.

기존의 ICT 융합, 산업 융합 분야 규제샌드박스와는 별도로 'K-컬처 규제샌드박스'를 신설해야 한다. 문화체육관광부가 주관하되, 관련 부처가 참여하는 통합 심의위원회를 구성하여 원스톱 처리가 가능하도록 해야 한다. 실증 기간을 최대 4년까지 연장 가능하도록 하고, 실증 규모 제한을 대폭 완화하며, 실증 결과가 성공적일 경우 즉시 법제화로 연결되는 패스트트랙을 마련해야 한다.

정부가 모든 규제 이슈를 파악하기는 불가능하다. 현장에서 직접 부딪히는 기업과 창작자들이 규제 개선 수요를 가장 잘 안다. 따라서 민간이 주도적으로 규제를 발굴하고 개선안을 제시할 수 있는 체계를 구축해야 한다. 대한상공회의소가 운영 중인 규제샌드박스 지원센터의 역할을 확대하여, K-컬처 전문 지원팀을 신설해야 한다. 한국콘텐츠진흥원, 한국저작권위원회 등 관련 기관과 협력하여 규제 애로사항을 상시 접수하고, 해결 방안을 모색하는 원스톱 창구로 운영한다.

✳ 단기 입법: 3개월 내 시행령 개정

부처 간 협업 의무화

국무총리 훈령을 개정하여 K-컬처 관련 정책은 반드시 관련 부처 간 사전 협의를 거치도록 의무화해야 한다. 문화체육관광부가 주관하는 'K-컬처정책협의회'를 법정 기구화하고, 분기별 1회 이상 개최를 의무화한다. 협의회에서 결정된 사항은 각 부처가 반드시 이행하도록 하고, 이행 실적을 국무회의에 보고하도록 한다. 특히 예산 편성 시 K-컬처 관련 사업은 부처 간 중복을 사전에 조정하고, 통합 패키지 형태로 지원할 수 있는 근거를 마련해야 한다.

다년도 예산 집행 근거 마련

문화콘텐츠진흥법 시행령을 개정하여 K-컬처 사업에 대한 다년도 예산 집행을 가능하게 해야 한다. 현재도 일부 R&D 사업은 다년도 협약이 가능하지만, 콘텐츠 제작 지원사업은 단년도 원칙을 고수하고 있다. 최소 3년, 최대 5년까지 계속 지원이 가능하도록 하고, 연차 평가를 통해 계속 지원 여부를 결정하는 방식으로 운영한다. 이때 평가 기준은 단순한 정량 지표가 아닌, 글로벌 시장 진출 가능성과 장기적 성장 잠재력을 중심으로 설정해야 한다.

제17장에서 제시한 K-문화산업 클러스터도 5년 장기 프로젝트로 설계되어 있다. 이러한 대형 프로젝트가 성공하려면 단년도 예산 구조에서 벗어난 안정적이고 지속적인 재정 지원이 필수적이다. 다년도 예산 근거 마련은 클러스터 조성뿐 아니라 지역 특화 콘텐츠 개발, 인재 양성 프로그램 등 모든 장기 사업의 성공을 위한 선결 조건이다.

AI 창작물 가이드라인 법제화

문화체육관광부는 2023년 12월 「생성형 AI 저작권 안내서」를 발표한 이후, 2025년 3월 '인공지능-저작권 제도 개선 협의체'를 출범시켰다. 2025년 7월에는 「생성형 AI 활용 저작물의 저작권 등록 안내서」를 최종 공개하여, AI를 활용한 창작물도 인간의 창작적 개입이 입증되면 저작권 등록이 가능하다는 구체적 기준을 제시했다.[150] 그러나 이러한 가이드라인들은 여전히 법적 구속력이 없어 실효성에 한계가 있다.

따라서 저작권법 시행령에 'AI 창작물 관련 특례' 조항을 신설하여 법제화를 서둘러야 한다. 단순한 프롬프트 입력을 넘어 인간이 의도를 가지고 구성, 색채, 음향 효과 등을 직접 설계·조정한 경우에만 창작성을 인정하는 원칙을 법령에 명시해야 한다. 또한, AI 학습을 위한 저작물 이용이 공정 이용에 해당하는 조건과 창작 과정 증빙 자료의 기준을 구체적으로 규정하여, 창작자와 권리자 모두에게 예측 가능한 법적 환경을 제공해야 한다.

✳ 장기 법제화: 1년 내 근본적 제도 개편

K-컬처산업진흥특별법 제정

분산된 K-컬처 정책을 통합 관리할 수 있는 'K-컬처산업진흥특별법'을 제정해야 한다. 이 법은 기존의 문화산업진흥기본법, 콘텐츠산업진흥법 등을 아우르는 상위법으로서, K-컬처산업의 육성과 지원에 관한 종합적인 법적 근거를 제공한다.

특별법에는 다음과 같은 내용이 포함되어야 한다. 첫째, 'K-컬처전략위원회' 설치 근거를 마련한다. 위원회는 K-컬처 정책의 최고 의사결정 기구로 기능한다. 둘째, K-컬처전략펀드 조성 근거를 마련한다. 정부 출자 1조 원, 민간 출자 2조 원 규모의 펀드를 조성하여, 장기 대형 프로젝트에 안정적으로 투자할 수 있도록 한다. 셋째, K-컬처 특별지구 지정 권한을 부여한다. 특별지구 내에서는 각종 규제를 대폭 완화하고, 세제 혜택을 제공하여 클러스터 조성을 촉진한다.

특히 K-컬처 특별지구 지정 권한은 제9장과 제17장에서 제시한 지역균형발전 및 클러스터 조성 전략의 핵심적 법적 근거가 된다. 수도권 종합 클러스터뿐 아니라 부산의 영화·영상산업, 광주의 미디어아트, 대전의 문화기술, 강원의 평창 올림픽 레거시 등 각 지역 특성에 맞는 특별지구를 지정하여, 지역별로 차별화된 규제 완화와 지원 체계를 구축할 수 있다.

디지털저작권법 전면 개정

현행 저작권법은 1957년 제정 이후 부분 개정만 거듭해왔다. 디지털 시대, 특히 AI 시대에 맞는 전면 개정이 필요하다. 단순히 AI 관련 조항을 추가하는 수준이 아니라, 디지털 환경을 기본 전제로 하는 새로운 법체계를 구축해야 한다.

개정 저작권법에는 다음과 같은 혁신적 내용이 담겨야 한다. AI 와 인간의 공동 창작물에 대한 권리 체계를 확립한다. AI의 기여도에 따라 권리를 배분하는 원칙을 세우되, 최종적인 창작 의도와 선택은 인간에게 있음을 명확히 한다. 그리고 블록체인 기반 저작권 관리 시스템을 도입한다. 모든 저작물을 블록체인에 등록하고, 스마트 계약을 통해 자동으로 로열티가 배분되는 시스템을 구축한다. 이는 특히 지역 로컬 크리에이터들이 자신의 IP를 보호하고 정당한 수익을 배분받는 데 큰 도움이 될 것이다. 또한 글로벌 플랫폼에 대한 규제 권한을 강화한다. 국내 창작물을 이용하는 해외 플랫폼에 대해 정당한 대가 지급을 의무화하고, 데이터 주권을 확보할 수 있는 법적 근거를 마련한다.

가상융합경제발전법 제정

메타버스와 웹 3.0은 K-컬처의 새로운 무대가 될 것이다. 그러나 현행법은 이러한 새로운 공간에서 발생하는 법률관계를 규율할 준비가 되어 있지 않다. 가상공간에서의 공연, NFT 형태의 디지털 자산, DAO(Decentralized Autonomous Organization) 방식의 창작 집단 등은 기존 법체계로 포섭하기 어렵다.

'가상융합경제 발전 및 지원에 관한 법률' 제정을 통해 이러한 공백을 메워야 한다. 가상공간에서의 경제활동을 현실 경제활동과 동등하게 인정하고, 가상자산의 재산권을 명확히 보호한다. 특히 K-컬처 콘텐츠의 NFT화를 촉진하기 위해, NFT 발행과 거래에 대한 명확한 법적 근거를 제공한다. 또한, DAO 형태의 창작 집단도 법인격을 가질 수 있도록 하여, 새로운 형태의 창작 생태계가 활성화될 수 있는 토대를 마련한다.

＊ 글로벌 표준과의 정합성 확보

K-컬처는 태생적으로 글로벌 산업이다. 따라서 국내법만으로는 한계가 있으며, 국제 규범과의 조화가 필수적이다. 특히 지식재산권, 데이터 보호, 디지털 무역 등 핵심 분야에서 국제표준을 선도적으로 수용하고, 때로는 우리가 표준을 만들어가야 한다.

WIPO(세계지식재산기구)의 AI 저작권 논의에 적극 참여하여, K-컬처의 이익을 대변해야 한다. 현재 진행 중인 「WIPO 대화: AI와 지식재산권 정책」에서 한국의 입장을 명확히 하고, AI 창작물 보호에 대한 국제 규범 형성을 주도해야 한다. 또한, 유네스코의 문화다양성 협약 이행 과정에서도 K-컬처의 특수성을 인정받을 수 있도록 외교적 노력을 기울여야 한다.

FTA나 디지털 무역 협정 체결 시 K-컬처 관련 조항을 반드시 포함시켜야 한다. 단순히 관세 철폐나 시장 개방에 그치지 않고, 문화콘텐츠의 자유로운 유통과 지식재산권 보호를 보장받아야 한다. 특히 주목해야 할 것은 디지털 경제 동반자 협정(DEPA) 같은 새로운 형태의 협정이다. 한국도 2024년 DEPA 가입을 추진하고 있는데, 이 과정에서 K-컬처 콘텐츠의 자유로운 국경 간 이동과 데이터 주권 확보를 핵심 의제로 다뤄야 한다.

아시아 지역 내 문화콘텐츠 표준 협의체를 구성하여, 메타데이터 표준, 스트리밍 품질 표준, 저작권 관리 표준 등을 공동으로 개발해야 한다. 특히 한·중·일 3국이 주도하는 'CJK 문화콘텐츠 표준 이니셔티브'를 제안하여, 아시아 문화콘텐츠가 서구 플랫폼에 종속되지 않고 독자적인 생태계를 구축할 수 있는 기반을 마련해야 한다.

✳ 실행 로드맵과 추진 체계

법·제도 개혁은 체계적이고 단계적으로 추진되어야 한다. 긴급성과 중요성을 고려한 3단계 로드맵을 제시한다.

1단계(즉시~3개월): 규제샌드박스 즉시 실행

30개 핵심 규제를 선정하여 샌드박스를 적용하고, K-컬처 특화 샌드박스를 신설한다. 동시에 시행령 개정 작업에 착수하여, 부처 간 협업 의무화와 다년도 예산 집행 근거를 마련한다. 특히 클러스터 조성에 필요한 용도지역 변경, 외국인 투자 규제 완화 등 시급한 사안부터 처리한다.

2단계(4~6개월): 시행령 개정 및 법률 제·개정 준비

AI 활용 가이드라인을 시행령에 반영하고, K-컬처산업진흥특별법과 디지털저작권법 개정안을 국회에 제출한다. 이 과정에서 이해관계자 의견 수렴과 공청회를 충분히 거쳐 사회적 합의를 도출한다. 지역 클러스터 조성 관련 조례 제정을 위한 광역시도별 가이드라인을 배포하여, 지역이 자율적으로 규제 완화 방안을 마련할 수 있도록 지원한다.

3단계(7개월~1년): 법률 제·개정 완료 및 시행

국회 심의를 거쳐 관련 법률을 제·개정하고, 하위 법령과 행정규칙을 정비한다. 새로운 법·제도가 현장에서 원활히 작동할 수 있도록 교육과 홍보를 병행한다. 특히 지역 기업과 대학이 새로운 제도를 충분히 활용할 수 있도록 권역별 설명회를 개최하고, 컨설팅을 제공한다.

✳ 범정부 추진 체계 구축

법·제도 개혁은 단일 부처의 노력만으로는 불가능하다. 범정부 차원의 강력한 추진 체계가 필요하다. 국무총리를 위원장으로 하는 'K-컬처 법·제도 혁신 위원회'를 구성하여, 개혁 과제를 총괄 관리한다. 위원회 산하에 규제 혁신 분과, 법제 정비 분과, 국제 협력 분과를 설치하여 체계적으로 운영한다.

특히 지역균형발전 관점에서 지방자치단체 대표가 반드시 위원회에 참여하도록 하여, 지역의 목소리가 정책에 반영될 수 있도록 해야 한다. 제9장에서 지적한 수도권 편중 문제를 해결하려면, 지역이 자율적으로 규제를 완화하고 특화 전략을 추진할 수 있는 권한을 부여하는 것이 필수적이다.

✳ 성과 관리 체계

법·제도 개혁의 성과를 객관적으로 측정하고 관리할 수 있는 체계를 구축해야 한다. K-컬처 기업 규제 체감도 조사를 분기별로 실시하여, 개혁의 효과를 정량적으로 파악한다. 규제샌드박스 참여 기업의 매출 증가율, 고용 창출 효과, 해외 진출 성과 등을 추적 관리한다. 특히 지역별 클러스터 조성 효과를 측정하여, 지역균형발전 목표 달성 여부를 점검한다. 이러한 성과 지표를 바탕으로 정책을 지속적으로 보완하고 개선한다.

K-컬처가 일시적 유행이 아닌 지속 가능한 산업으로 자리 잡으려면, 그것을 뒷받침할 법·제도 인프라가 반드시 요구된다. 20세기의 낡은 규제와 분절된 행정 체계로는 21세기 글로벌 문화 전쟁에서 살아남을 수 없다. 즉시 개혁, 단기 입법, 장기 법제화의 3단계 전략을 통해 K-컬처산업의 법·제도적 기반을 근본적으로 혁신해야 한다.

특히 제9장에서 진단한 지역 문화 불균형과 제17장에서 제시한 클러스터 조성 전략이 현실에서 작동하려면, K-컬처 특별지구 지정, 지역 자율 규제 완화 권한 부여, 다년도 예산 근거 마련 등 제도적 뒷받침이 선행되어야 한다. 규제 혁신과 제도 개선은 단순히 정부의 과제가 아니라, K-컬처의 미래를 결정할 생존의 문제다.

23 투자 생태계:
재원 조달과 지속 가능 금융

    K-컬처의 글로벌 산업화를 위한 가장 핵심적인 기반은 바로 자금이다. 아무리 좋은 전략과 계획이 있어도, 실행할 수 있는 충분한 재원이 뒷받침되지 않으면 모든 것이 공염불에 그치고 만다. 문화정책 현장에서 목격한 가장 큰 문제 중 하나는 정부가 '지원했다'는 명분만 챙기고, 실제로는 제대로 된 사업을 수행하기에 턱없이 부족한 예산을 배정하는 관행이었다. 100억 원이 필요한 사업에 1억 원을 주면서 성과를 요구하는 것이 현실이다. '마중물'이라는 미명의 이런 소규모 지원은 오히려 실패를 양산하고 산업 생태계를 왜곡시킨다.

    현재 정부의 콘텐츠 분야 예산은 2024년 기준 1조 125억 원에 달하지만,[151] 이마저도 문화체육관광부, 과학기술정보통신부, 중소벤처기업부 등 여러 부처에 분산되어 있어 시너지 효과를 내지 못하고 있다. 더욱이 예산 집행 주기가 1년 단위로 운영되다 보니, 실제 사업 기간은 공고·선정·집행·정산 과정을 거치면서 5~6개월에 불과한 실정이다. 이런 구조로는 글로벌 시장에서 경쟁할 수 있는 대규모 콘텐츠 제작이나 장기적인 기술 개발이 불가능하다.

이 프로젝트는 1장에서 진단한 투자 및 재정 구조의 한계를 집중 해결한다.

부처별로 분산된 예산 구조와 단년도 집행 방식으로 인해 대규모·장기 투자가 불가능하고, 정부 지원에 의존하는 구조로 자생적 투자 생태계가 미흡하며, 해외 투자 유치를 위한 인센티브 제도가 부재한 상황이다. 또한, 투명한 투자 과정 및 성과 측정 시스템이 부족하여 공적 자금의 효율성에 대한 의문이 제기되어 왔다.

이러한 문제를 해결하기 위해 1조 원 규모 K-컬처펀드를 통한 통합적·장기적 투자 체계를 구축하고, 정부 출자를 마중물로 민간 자본 유치와 크라우드펀딩 연계 시스템을 마련한다. 외국 자본 투자 시 세제 혜택과 매칭 투자 기회를 제공하여 글로벌 자본을 유치하고, 다면적 성과 지표 개발과 분기별 공개 체계를 통해 투명성을 확보한다.

✳ 1조 원 K-컬처펀드 조성의 필요성

K-컬처가 넷플릭스, 디즈니플러스 같은 글로벌 플랫폼을 통해 전 세계에 확산되고 있지만, 정작 수익의 대부분은 해외 플랫폼과 투자사로 흘러가고 있다. 이러한 구조적 문제를 해결하기 위해서는 우리만의 자본 생태계 구축이 시급하다. 1조 원 규모의 K-컬처 전용 펀드 조성이 그 출발점이다. 정부 출자 6,000억 원을 마중물로 하여 민간 자본 4,000억 원을 유치하는 구조로 설계해야 한다.

이 펀드는 단순한 제작 지원을 넘어 IP 확보, 글로벌 유통망 구축, 기술 개발, 인재 양성까지 전 주기를 아우르는 통합 투자 플랫폼으로 운영되어야 한다. 특히 중요한 것은 투자 회수 기간을 현실적으로 설정하는 것이다. 문화콘텐츠는 제조업과 달리 제작 기간이 길고 수익 회수까지 시간이 걸리는 특성이 있다. 최소 5년, 길게는 10년까지 내다보는 장기 투자 관점이 필요하다.

현재 한국벤처투자가 운영하는 모태펀드는 문화체육관광부를 비롯한 여러 부처가 출자하여 벤처투자 재원을 공급하고 있으나, 문화콘텐츠 전문 투자 비중은 여전히 낮은 수준이다.[152] K-컬처펀드는 이러한 한계를 극복하고 문화산업에 특화된 투자 체계를 구축하는 데 목적이 있다.

＊ 단계별 투자 전략과 분야별 특화 지원

K-컬처펀드는 기업의 성장 단계에 따라 차별화된 투자 전략을 구사해야 한다. 시드(Seed) 단계에서는 100억 원 규모로 아이디어와 초기 기획 단계의 창작자와 스타트업을 지원한다. 시리즈 A 단계에서는 500억 원을 투입하여 프로토타입 개발과 시장 검증을 거친 기업의 본격적인 제품 개발을 지원한다. 시리즈 B 이상과 IPO 단계에서는 2,400억 원을 배정하여 글로벌 진출과 대규모 제작이 가능하도록 한다.

분야별로는 콘텐츠·기술·지역으로 나누어 특화 투자를 진행한다. 콘텐츠 분야는 K-팝, K-드라마, K-웹툰, K-게임, K-영화 등 장르별 특성에 맞는 맞춤형 투자를 제공한다.[153] 특히 웹툰과 웹소설 같은 원천 IP 확보에 중점을 두어 OSMU(One Source Multi Use) 전략을 극대화한다.

기술 분야는 AI 기반 콘텐츠 제작 도구, 메타버스 플랫폼, 실감형 콘텐츠 기술 등 차세대 문화기술(CT) 개발에 집중 투자한다. 지역 분야는 수도권에 집중된 문화산업을 전국으로 확산시키기 위해 지역별 특화 콘텐츠 개발과 클러스터 조성을 지원한다.

✳ 실행 방안

1단계: 펀드 조성 및 운영 체계 구축(출범 후 6개월)

- 정부 출자 6,000억 원 확정 및 민간 자본 4,000억 원 유치.
- 전문 운용사 선정 및 투자 심사위원회 구성(민간 전문가 60% 이상).
- 투자 가이드라인 및 성과 지표 개발.

2단계: 단계별 투자 프로그램 운영(출범 후 1년~)

- 시드 단계: 100억 원, 아이디어 및 초기 기획 지원.
- 시리즈 A: 500억 원, 프로토타입 개발 및 시장 검증.
- 시리즈 B ~ IPO: 2,400억 원, 글로벌 진출 및 대규모 제작.

3단계: 분야별 특화 투자 전략 실행

- 콘텐츠: K-드라마, K-웹툰, K-게임 등 원천 IP 확보 중심.

- 기술: AI, 메타버스, 실감형 콘텐츠 기술 개발.
- 지역: 비수도권 문화산업 클러스터 조성.

✳ 해외 투자 유치와 글로벌 네트워크 구축

프랑스의 CNC(Centre National du Cinéma et de l'image animée)는 영화 및 영상산업에 대한 체계적인 지원 시스템을 운영하며 자국 문화산업의 경쟁력을 높이고 있다.[154] 우리도 이러한 선진 사례를 벤치마킹하되, K-컬처의 특성에 맞는 독자적인 모델을 구축해야 한다. 특히 중요한 것은 해외 투자 유치를 위한 인센티브 제도다.

외국 자본이 K-컬처 콘텐츠에 투자할 경우 세제 혜택과 함께 한국 정부 펀드와의 매칭 투자 기회를 제공하는 방안을 고려해야 한다. 예를 들어 해외 투자사가 100억 원을 투자하면 정부 펀드에서 50억 원을 매칭하여 총 150억 원 규모의 프로젝트를 진행할 수 있도록 하는 것이다. 이를 통해 해외 자본의 리스크를 줄이면서도 K-컬처 콘텐츠에 대한 투자를 활성화할 수 있다.

글로벌 네트워크 구축도 필수적이다. 할리우드의 주요 스튜디오, 중국의 대형 제작사, 일본의 애니메이션 회사 등과 전략적 파트너십을 맺어 공동 제작과 글로벌 배급을 추진해야 한다. 단순한 하청 제작이 아닌 대등한 파트너로서 IP를 공유하고 수익을 배분하는 구조를 만들어야 한다.

✳ 크라우드펀딩 플랫폼과의 연계

와디즈는 2024년 기준 7만 건 이상의 크라우드펀딩 프로젝트를 오픈했으며, 누적 거래액 1조 2,000억 원을 돌파했고,[155] 텀블벅 역시 문화예술 분야를 중심으로 급성장하고 있다. 이러한 크라우드펀딩 플랫폼은 초기 단계 창작자들에게 중요한 자금 조달 창구이자 시장 검증의 기회가 되고 있다.

K-컬처펀드는 크라우드펀딩에서 검증된 프로젝트에 대한 후속 투자 시스템을 구축해야 한다. 크라우드펀딩에서 목표 금액의 200% 이상을 달성한 프로젝트에 대해서는 자동으로 시리즈 A 투자 검토 대상에 포함시키는 방식이다. 또한, 정부가 운영하는 K-컬처 전용 크라우드펀딩 플랫폼을 신설하여 해외 팬들도 직접 K-컬처 프로젝트에 투자할 수 있는 글로벌 참여형 투자 시스템을 구축할 필요가 있다.

✳ 투명성과 성과 관리 체계

1조 원이라는 대규모 공적 자금이 투입되는 만큼, 투자 과정의 투명성과 성과 관리는 매우 중요하다. 모든 투자 결정 과정을 공개하고, 투자 심사위원회에 민간 전문가를 60% 이상 참여시켜 전문성과 객관성을 확보해야 한다. 투자 성과는 단순한 재무적 수익률뿐만 아니라 일자리 창출, 해외 진출 성과, IP 가치 상승 등을 종합적으로 평가하는 다면적 성과 지표를 개발하여 평가해야 한다.

분기별로 투자 현황과 성과를 공개하고, 연간 백서를 발간하여 국민에게 투명하게 보고하는 시스템을 구축한다. 투자 실패 사례도 숨기지 않고 공개하여 실패에서 배우는 문화를 정착시켜야 한다. 문화콘텐츠 투자는 본질적으로 고위험 고수익 구조이며, 10개 중 1~2개의 대박 프로젝트가 전체 수익을 견인하는 특성이 있다는 점을 인식하고 장기적 관점에서 평가해야 한다.

✳ 지속 가능한 재투자 생태계 구축

K-컬처펀드의 궁극적 목표는 일회성 지원이 아닌 지속 가능한 투자 생태계 구축이다. 투자 수익금은 다시 펀드로 재유입되어 새로운 프로젝트에 투자되는 선순환 구조를 만들어야 한다. 성공한 창작자와 기업은 후배 창작자를 위한 멘토링과 재투자에 참여하도록 유도하여 민간 주도의 자생적 투자 문화를 조성해야 한다.

또한, K-컬처 콘텐츠의 지식재산권을 담보로 한 금융상품 개발, 완성 보증보험 제도 도입, 프로젝트 파이낸싱 활성화 등 다양한 금융 기법을 도입하여 투자 재원을 다각화해야 한다. 문화콘텐츠 전문 투자 인력 양성도 시급하다. 콘텐츠의 가치를 제대로 평가하고 투자할 수 있는 전문가가 부족한 현실을 개선하기 위해 대학과 연계한 문화 금융 전문가 양성 프로그램을 운영해야 한다.

정량적 효과

- 5년간 1조 원 투자를 통해 약 3조 원 규모의 K-컬처 콘텐츠 제작 및 글로벌 유통.
- 문화콘텐츠 스타트업 500개 이상 육성 및 2만 개 이상의 일자리 창출.
- 민간투자 활성화로 문화산업 투자 규모 연평균 20% 이상 성장.

정성적 효과

- 정부 주도에서 민간 주도로의 투자 생태계 전환.
- 크라우드펀딩-시드-시리즈 A-IPO로 이어지는 성장 단계별 투자 체계 구축.
- 해외 자본 유치를 통한 K-컬처의 글로벌 경쟁력 강화.
- 투명한 성과 관리 시스템으로 공적 자금 운용의 신뢰성 제고.

K-컬처의 글로벌 경쟁력을 지속적으로 유지하고 발전시키기 위해서는 충분하고 안정적인 투자 재원 확보가 필수적이다. 1조 원 K-컬처펀드는 그 시작점이며, 이를 통해 구축된 투자 생태계가 민간 주도로 확대 발전할 수 있는 토대를 마련해야 한다. 정부는 초기 촉매제 역할을 충실히 수행하되, 점진적으로 민간의 자율성을 확대하여 건강한 투자 생태계가 자리 잡을 수 있도록 해야 한다.

24 거버넌스 혁신: 협업과 조정의 새 틀

K-컬처가 전 세계적 성공을 거두었지만, 정작 그 성공을 이끌어 낸 우리의 정책 거버넌스는 여전히 20세기형 분절적 행정 체계에 머물러 있다. BTS가 빌보드를 석권하고, 한국 드라마가 넷플릭스를 통해 전 세계를 사로잡았지만, 정부의 문화정책 체계는 여전히 부처별로 쪼개져 있고, 현장과 정책은 여전히 괴리되어 있으며, 의사결정은 여전히 속도감이 없다. 이제 K-컬처 글로벌 산업화를 위한 7 Star 프로젝트를 성공적으로 실행하기 위해서는 기존의 낡은 거버넌스를 완전히 혁신해야 한다.

✳ 분절에서 통합으로: 총리실 직속 K-컬처전략위원회 신설

현재 K-컬처 관련 정책과 예산이 문화체육관광부, 과학기술정보통신부, 산업통상자원부, 중소벤처기업부 등 여러 부처에 흩어져 있는 것이 가장 큰 문제다. 문화콘텐츠는 문화체육관광부가, 디지털 콘텐츠는 과학기술정보통신부가, 제조업 연계 콘텐츠는 산업통상자원부가, 창업과 스타트업은 중소기업부가 각각 담당하면서 정책의 일관성과 시너지가 사라지고 있다. 2025년 문체부 예산이 7조 672억 원으로 확정되었지만,[156] 이것만으로는 K-컬처산업화를 이끌기에 역부족이다. 다른 부처에 흩어진 예산과 정책까지 통합적으로 조율해야 한다.

이를 해결하기 위해 총리실 직속으로 'K-컬처전략위원회'를 신설해야 한다. 이는 단순한 자문기구나 심의기구가 아니라, 11개 분야의 K-컬처 정책을 통합적으로 기획하고 조정하며 실행을 점검하는 실질적 거버넌스 기구여야 한다. 위원장은 국무총리가 맡되, 실무는 민간 전문가가 주도하는 위원회 부위원장이 총괄하도록 설계해야 한다.

K-컬처전략위원회의 핵심 권한은 세 가지다. 첫째, 부처별로 흩어진 K-컬처 관련 예산을 통합 편성하고 배분하는 권한이다. 현재처럼 각 부처가 따로 예산을 편성하고 집행하는 것이 아니라, K-컬처 관련 예산은 모두 위원회에서 통합 관리하여 중복을 없애고 시너지를 창출해야 한다. 둘째, 각 부처의 K-컬처 정책을 사전 조정하는 권한이다. 부처별로 유사한 사업을 중복 추진하거나 서로 상충되는 정책을 펴는 일이 없도록 사전에 조율하고 통합해야 한다. 셋째, 정책 실행을 모니터링하고 평가하는 권한이다. 계획만 세우고 실행은 지지부진한 기존의 문제를 해결하기 위해 강력한 점검과 평가 권한을 가져야 한다.[157]

✳ 현장 중심의 실행력:
민간 전문가 60% 이상 참여

더 중요한 것은 이 위원회의 구성이다. 기존의 정부 위원회들이 대부분 공무원과 교수 중심으로 구성되어 현장성이 떨어졌던 문제를 반복해서는 안 된다. K-컬처전략위원회는 민간 전문가를 60% 이상 참여시켜야 한다. 여기서 민간 전문가란 실제 K-팝 기획사 대표, 드라마 제작사 PD, 웹툰 작가, 게임 개발자, 문화기술 엔지니어, 글로벌 유통 전문가 등 현장에서 K-컬처를 만들고 유통시키는 실무자들을 의미한다.

특히 중요한 것은 이들이 단순 자문 역할에 머물지 않고 실질적인 의사결정권을 가져야 한다는 점이다. K-팝 해외 진출 지원사업을 기획할 때는 하이브, JYP, 스타쉽엔터테인먼트 등 대형 기획사뿐만 아니라 중소 기획사 대표들도 참여시켜 현장의 목소리가 정책에 직접 반영되도록 해야 한다. 게임산업 지원정책을 수립할 때는 넥슨, 크래프톤 같은 대기업뿐만 아니라 인디 게임 개발자들도 참여시켜 다양한 관점이 반영되도록 해야 한다.

민간 전문가들의 참여를 실질화하기 위해서는 충분한 활동비 지원과 함께 이들이 본업에 지장을 받지 않도록 회의 일정을 탄력적으로 운영해야 한다. 또한, 민간 위원들이 제안한 정책이 실제로 채택되고 실행될 수 있도록 제도적 장치를 마련해야 한다. 예를 들어, 민간 위원 과반수가 동의한 정책은 의무적으로 시범사업으로 추진하도록 하는 규정을 만들 필요가 있다.[158]

11개 분야별 실무협의회: 전문성과 현장성의 결합

K-컬처전략위원회 산하에는 11개 분야별 실무협의회를 설치해야 한다. 문화정책, 문화기술, 문화 교육, 문화산업 육성, 문화 AI, 문화예술, 콘텐츠산업, 관광, 지역 문화, 저작권, 문화 복지 등 분야별로 전문성을 가진 실무협의회가 구체적인 정책을 기획하고 실행 방안을 마련하는 역할을 담당한다.

각 실무협의회는 해당 분야 공무원, 공공기관 실무자, 민간 전문가, 현장 종사자들로 구성되며, 월 1회 이상 정기회의를 개최하여 현안을 논의하고 정책을 개발한다. 특히 중요한 것은 각 실무협의회가 독립적으로 운영되는 것이 아니라 서로 유기적으로 연계되어야 한다는 점이다. 예를 들어, 문화기술 실무협의회에서 개발한 신기술이 콘텐츠산업 실무협의회의 제작 지원사업과 연계되고, 이것이 다시 관광 실무협의회의 체험 프로그램으로 활용되는 식의 협업 체계를 구축해야 한다.

실무협의회의 실행력을 높이기 위해 각 협의회에는 실무 지원을 담당할 전담 사무국을 설치해야 한다. 한국콘텐츠진흥원(KOCCA), 한국관광공사, 한국문화관광연구원 등 기존의 문화 관련 공공기관들이 분야별로 사무국 역할을 담당하되,[159] 기존의 관료적 운영방식을 탈피하여 민첩하고 유연하게 대응할 수 있도록 조직문화를 혁신해야 한다.

✳ 분기별 전체 회의와 연간 성과 평가

K-컬처전략위원회는 분기별로 전체 회의를 개최하여 11개 분야의 진행 상황을 점검하고 조정한다. 이 전체 회의에는 국무총리를 비롯한 관련 부처 장관들이 모두 참석하여 현장의 목소리를 직접 듣고 신속한 의사결정을 내려야 한다. 특히 부처 간 이견이 있거나 예산 조정이 필요한 사안은 이 자리에서 즉시 결정하여 정책 추진의 속도감을 높여야 한다.

연 1회는 대통령이 직접 참석하는 K-컬처 전략 회의를 개최하여 국가 차원의 비전과 전략을 점검하고, 필요한 경우 특별예산 편성이나 법·제도 개선을 지시할 수 있도록 해야 한다. 이는 K-컬처가 단순한 문화정책이 아니라 국가 핵심 성장동력임을 명확히 하고, 최고 의사결정자의 관심과 지원을 지속적으로 확보하기 위한 장치다.[160]

연간 성과 평가는 정량 지표와 정성 지표를 균형 있게 활용하되, 현장의 체감도를 가장 중요한 평가 기준으로 삼아야 한다. 예산 집행률이나 사업 건수 같은 투입 지표보다는 K-컬처 수출 증가율, 일자리 창출 효과, 창작자 만족도, 글로벌 영향력 지수 등 실질적인 성과 지표를 중심으로 평가해야 한다.

✳ 지자체 문화 자치권 강화와 국제 협력 일원화

중앙정부 차원의 거버넌스 혁신과 함께 지방자치단체의 문화 자치권도 대폭 강화해야 한다. 현재 17개 광역시도에는 콘텐츠진흥원, 문화재단, 관광재단 등 다양한 문화 관련 기관들이 설치되어 있지만, 대부분 중앙정부 정책을 단순 집행하는 역할에 머물고 있다. 이제는 각 지역이 자신들의 특색 있는 K-컬처를 스스로 기획하고 육성할 수 있도록 권한과 예산을 대폭 이양해야 한다.

K-컬처전략위원회 산하에 '지역 문화협력위원회'를 설치하여 중앙과 지방이 수평적으로 협력하는 체계를 구축해야 한다. 각 광역시도는 자체적으로 K-컬처 육성계획을 수립하고, 중앙정부는 이를 지원하고 조정하는 역할을 담당한다. 특히 지역별로 특화된 K-컬처 콘텐츠를 발굴하고 육성할 수 있도록 '지역 특화 K-컬처펀드'를 조성하여 지자체가 자율적으로 운용할 수 있도록 해야 한다.

국제 협력 채널도 일원화해야 한다. 현재 문체부, 외교부, 산업부 등이 각각 K-컬처 해외 진출을 지원하면서 중복과 비효율이 발생하고 있다. K-컬처전략위원회가 국제 협력을 총괄하여 해외 한국문화원, KOTRA 무역관, 대사관 문화담당관 등을 통합적으로 활용하는 체계를 구축해야 한다. 특히 주요 전략 국가에는 'K-컬처 특별대표'를 파견하여 현지 정부·기업·문화계와의 네트워크를 구축하고 K-컬처 진출을 체계적으로 지원해야 한다.

───────────✳ 거버넌스 혁신을 위한 법·제도 정비

이러한 거버넌스 혁신이 실효성을 갖기 위해서는 법·제도 정비가 뒷받침되어야 한다. 우선 'K-컬처산업진흥특별법'을 제정하여

K-컬처전략위원회의 법적 지위와 권한을 명확히 해야 한다. 이 특별법에는 부처 간 정책 조정권, 통합예산 편성권, 성과 평가권 등을 명시하여 위원회가 실질적인 컨트롤타워 역할을 할 수 있도록 해야 한다.

또한, 기존의 문화산업진흥기본법, 콘텐츠산업진흥법 등 관련 법령들을 전면 개정하여 새로운 거버넌스 체계에 맞게 재정비해야 한다. 특히 민간 전문가의 정책 참여를 보장하고, 현장 의견을 의무적으로 반영하도록 하는 조항을 신설해야 한다. 아울러 정책 실패에 대한 책임 규정도 명확히 하여 성과 없는 사업은 즉시 폐지하고, 성공한 사업은 확대할 수 있는 유연한 체계를 만들어야 한다.

K-컬처의 글로벌 성공은 정부가 만들어낸 것이 아니라 민간의 창의성과 도전정신이 만들어낸 것이다. 이제 정부의 역할은 이러한 민간의 역량을 뒷받침하고 지원하는 것이어야 한다. 20세기형 관료 중심의 거버넌스를 21세기형 민관 협력 거버넌스로 혁신할 때, K-컬처는 일시적 유행이 아닌 지속 가능한 국가 성장동력으로 자리 잡을 수 있을 것이다.

25 성과 관리: 데이터 기반 모니터링과 피드백

K-컬처 글로벌 산업화를 위한 7 Star 프로젝트의 성과를 체계적으로 관리하고 투명하게 공개하는 것은 정책의 성공을 좌우하는 결정적 요인이다. 지난 20년간 문화정책 현장에서 목도해온 가장 큰 문제는 단기 성과주의에 매몰되어 정책의 연속성이 단절되고, 실제 현장의 변화보다 보고서상의 숫자에만 집착하는 행정 관행이었다. 매년 1년 단위 사업으로는 K-컬처의 지속 가능한 성장을 담보할 수 없다. 이제는 실시간으로 성과를 모니터링하고, 데이터 기반으로 정책을 조정하며, 국민 누구나 그 과정을 확인할 수 있는 새로운 성과 관리 체계를 구축해야 한다.

✳ 국민 참여형 실시간 성과 대시보드

K-컬처 정책의 성과는 더 이상 연말 백서 한 권으로 평가될 수 없다. 싱가포르가 '스마트 네이션 이니셔티브(Smart Nation Initiative)'

를 통해 총리실 직속으로 디지털 정부 서비스를 운영하며 실시간으로 정책 성과를 공개하는 것처럼,[161] 우리도 국민 누구나 접근 가능한 개방형 실시간 대시보드를 구축해야 한다. 이 대시보드는 단순한 통계 나열이 아닌, 정책의 진행 상황과 성과를 직관적으로 파악할 수 있는 시각화 시스템이어야 한다.

대시보드는 세 가지 핵심 요소로 구성된다. 첫째, 7 Star 프로젝트별 진행 현황을 실시간으로 표시하는 프로젝트 트래커다. K-문화 디지털 자산화 프로젝트의 경우 NFT 발행 건수, 스마트 계약 체결 규모, 해외 로열티 수입 등을 일일 단위로 업데이트한다. K-문화 테마파크는 건설 진행률, 입장객 수, 매출액을 시간대별로 확인할 수 있다.

둘째, 11개 분야별 문제점 해결 지표를 모니터링하는 개선도 측정 시스템이다. 문화정책의 부처 간 협업 횟수, 문화기술 R&D의 상용화율, 지역 문화 격차 지수 등을 분기별로 측정하여 1장에서 진단한 구조적 문제가 실제로 개선되고 있는지 추적한다.

셋째, 현장의 목소리를 실시간으로 반영하는 참여형 피드백 시스템이다. 창작자·기업·시민이 직접 정책 체감도를 평가하고 개선 의견을 제시할 수 있는 디지털 창구를 상시 운영한다. 이는 단순한 민원 접수가 아닌, AI 기반 텍스트 분석을 통해 주요 이슈를 자동으로 도출하고 정책 담당자에게 즉시 전달하는 쌍방향 소통 플랫폼이다. 예를 들어 K-팝 아티스트들이 해외 공연 시 겪는 비자 문제가 반복적으로 제기되면, 시스템이 이를 자동으로 감지하여 관련 부처에 정책 개선을 요청한다.

대시보드 구축에는 약 100억 원의 초기 투자가 필요하며, 연간

10억 원의 운영비가 소요될 것으로 예상된다. 하지만 정책 효율성 향상과 국민 신뢰 제고 효과를 고려하면 충분히 투자 가치가 있다.

✳ 삼중 평가 체계: KPI, OKR, 사회적 임팩트

성과 측정의 핵심은 다차원적 평가 체계 구축이다. 단순한 정량 지표만으로는 K-컬처 정책의 진정한 성과를 측정할 수 없다. 따라서 정량 지표(KPI), 목표 달성률(OKR), 사회적 임팩트를 종합적으로 평가하는 삼중 평가 체계를 도입한다.

첫 번째 축인 핵심 성과 지표(KPI) 50개는 각 프로젝트와 정책 영역별로 측정 가능한 구체적 수치를 설정한다. K-콘텐츠 수출액, 방한 관광객 수, 문화예술 관람률 등 전통적 지표와 함께, 콘텐츠 IP 가치평가액, 창작자 평균 수익, 지역 간 문화 격차 지수 등 새로운 지표를 개발한다. 특히 2024년 기준 133.4억 달러를 기록한 K-콘텐츠 수출액[162]을 2030년까지 300억 달러로 확대하는 목표를 세우고, 이를 분기별로 추적 관리한다. 각 지표는 목표치 대비 달성도를 신호등 체계(녹색-황색-적색)로 표시하여 한눈에 파악할 수 있도록 한다.

두 번째 축인 목표 달성률(OKR) 시스템은 구글이나 인텔 등 글로벌 기업들이 활용하는 목표 설정 및 추적 방법론을 정책 영역에 적용한 것이다. 각 부처와 실행 기관은 분기별로 3~5개의 핵심 목표(Objectives)와 목표별 3~4개의 핵심 결과(Key Results)를 설정한다.

예를 들어 'K-문화 디지털 자산화를 통한 창작자 권익 보호'라는 목표하에 '블록체인 기반 저작권 등록 10만 건 달성', '스마트 계약 기반 로열티 자동 배분 시스템 구축', '불법 복제 감소율 30%' 등의 핵심 결과를 설정한다. OKR은 70% 달성을 성공으로 보는 도전적 목표 설정을 장려하여, 안주하지 않고 지속적으로 혁신하도록 유도한다.

세 번째 축인 사회적 임팩트 측정은 정책이 실제로 국민 삶과 사회에 미치는 영향을 평가한다. 문화 향유 만족도, 창작자 삶의 질 개선도, 지역 문화 활성화 정도, 국가 문화 브랜드 가치 등을 정성적·정량적으로 측정한다. 특히 UN의 지속 가능 발전 목표(SDGs)와 연계하여 문화 다양성·포용성·지속 가능성 측면에서의 기여도를 평가한다. 예를 들어 문화 취약계층의 문화예술 관람률이 2024년 40%에서 2030년 60%로 향상되는지, 지역 문화예술인의 평균 소득이 최저임금 대비 몇 배 수준인지 등을 추적한다.

이러한 삼중 평가 체계는 상호보완적으로 작동한다. KPI가 단기적 성과를 측정한다면, OKR은 중기적 목표 달성을, 사회적 임팩트는 장기적 변화를 추적한다. 세 가지 평가 결과를 종합하여 100점 만점의 통합 성과 지수를 산출하고, 이를 기반으로 차년도 예산 배분과 정책 우선순위를 결정한다.

─────────── ✳ **AI 기반 예측 분석과 정책 최적화**

인공지능 기술을 활용한 데이터 분석은 정책 성과 관리의 패러다임을 바꾸고 있다. 과거 데이터에 기반한 단순 보고에서 벗어나, 미래를 예측하고 선제적으로 대응하는 예측적 정책 관리(Predictive Policy Management)가 가능해진 것이다.

K-컬처 정책 분야에서 AI는 세 가지 영역에서 활용된다. 첫째, 수요 예측과 자원 배분 최적화다. 과거 5년간의 문화콘텐츠 소비 패턴, 관광객 동향, 투자 수익률 등의 빅데이터를 분석하여 향후 6개월~1년간의 수요를 예측한다. 이를 바탕으로 예산과 인력을 가장 효과적으로 배분할 수 있는 시나리오를 제시한다. 예를 들어 특정 지역의 K-문화 테마파크 방문객이 급증할 것으로 예측되면, 사전에 교통 인프라를 보강하고 숙박 시설을 확충하는 등의 대응이 가능하다.

둘째, 정책 효과의 인과관계 분석이다. 머신러닝 알고리즘을 활용하여 특정 정책 개입이 실제 성과에 미치는 영향을 정량적으로 분석한다. 예를 들어 창작 지원금 10% 증액이 콘텐츠 생산량 증가에 미치는 영향, 세액공제 확대가 민간투자 유치에 미치는 효과 등을 시뮬레이션을 통해 사전에 검증할 수 있다. 이는 한정된 자원을 가장 효과적으로 활용할 수 있는 근거 기반 정책 수립(Evidence-based Policy Making)을 가능하게 한다.

셋째, 이상 징후 조기 감지와 위험 관리다. 정책 집행 과정에서 발생하는 각종 데이터를 실시간으로 모니터링하여 정상 범위를 벗어나는 이상 징후를 자동으로 감지한다. 특정 사업의 집행률이 급격히 떨어지거나, 민원이 특정 분야에 집중되거나, 성과 지표가 목표치에서 크게 벗어날 경우 즉시 경보를 발령하고 원인 분석 리포트를 생성한다. 이를 통해 문제가 확대되기 전에 선제적으로 대응할 수 있다.

AI 기반 분석 시스템 구축에는 초기 100억 원, 연간 운영비 10억 원이 소요될 것으로 예상된다. 한국콘텐츠진흥원이 운영하는 콘텐츠 가치평가 시스템과[163] 연계하여 구축하면 비용을 절감하면서도 시너지 효과를 낼 수 있다. 특히 생성형 AI를 활용한 자동 보고서 작성 기능을 도입하면 정책 담당자들의 행정 부담을 크게 줄이면서도 보고의 일관성과 정확성을 높일 수 있다.

✳ 순환적 피드백 시스템 구축

성과 관리의 궁극적 목적은 측정 자체가 아니라 지속적인 개선이다. 따라서 성과 측정 결과가 정책 개선으로 이어지는 순환적 피드백 시스템을 구축해야 한다. 이는 분기 리뷰, 연간 평가, 정책 피드백의 3단계 순환 구조로 운영된다.

분기별 리뷰는 매 분기 종료 후 2주 이내에 실시한다. K-컬처전략위원회 주관으로 11개 부처 실무자와 7 Star 프로젝트 책임자가 참여하는 성과 점검 회의를 개최한다. 여기서는 KPI 달성도, OKR 진행 상황, 현장 피드백 등을 종합적으로 검토하고, 목표 대비 미진한 부분에 대한 개선 방안을 즉시 수립한다. 특히 부처 간 협업이 필요한 사안은 위원회 차원에서 조정하여 신속한 의사결정이 이루어지도록 한다.

연간 평가는 매년 12월에 실시하는 종합 성과 평가다. 외부 전문가로 구성된 독립 평가단이 1년간의 성과를 객관적으로 평가하고,

우수 사례와 개선 필요 사항을 도출한다. 평가 결과는 국회 보고와 함께 국민에게 전면 공개한다. 특히 목표 달성도가 70% 미만인 사업은 원인 분석과 함께 폐지, 축소, 개편 등의 구조조정을 단행한다. 반면 120% 이상 초과 달성한 사업은 인센티브를 제공하고 확대 시행을 검토한다.

정책 피드백 단계는 평가 결과를 차년도 계획에 반영하는 과정이다. 매년 1~2월 중 전년도 평가 결과를 바탕으로 정책 우선순위를 재조정하고, 예산 배분을 최적화한다. 특히 현장의 목소리를 충실히 반영하여 정책과 현실의 괴리를 최소화한다. 예를 들어 창작자들이 지속적으로 제기하는 저작권 교육 부족 문제가 확인되면, 차년도에는 전국 단위 저작권 교육 프로그램을 신설하고 예산을 우선 배정한다.

이러한 순환 구조가 제대로 작동하려면 평가의 독립성과 공정성이 보장되어야 한다. 따라서 민간 전문가 60% 이상 참여, 이해관계자 회피 제도, 평가 과정 전면 공개 등의 원칙을 엄격히 적용한다. 또한, 평가 결과와 인사·예산이 직접 연계되도록 제도화하여 성과 관리가 형식적 절차가 아닌 실질적 정책 도구로 기능하도록 한다.

K-컬처 글로벌 산업화의 성공은 철저한 성과 관리에서 시작된다. 실시간 대시보드를 통한 투명한 공개, 삼중 평가 체계를 통한 다차원적 측정, AI 기반 예측 분석을 통한 선제적 대응, 순환적 피드백을 통한 지속적 개선이 맞물려 돌아갈 때 비로소 정책의 실효성을 담보할 수 있다. 무엇보다 중요한 것은 성과 관리가 관료적 통제 수단이 아니라 현장과 소통하고 함께 성장하는 도구가 되어야 한다는 점이다. K-컬처의 미래는 숫자가 아닌 사람에게 있기 때문이다.

---

* 7 Star 이후:
우리는 무엇을 남길 것인가?

이 책을 마무리하며 독자 여러분께 묻고 싶다. K-컬처의 성공이 일시적 유행으로 끝날 것인가, 아니면 다음 세대에게 물려줄 지속 가능한 문화유산이 될 것인가.

우리는 지금 중요한 기로에 서 있다. BTS와 블랙핑크, 〈오징어 게임〉과 〈기생충〉, K-게임 〈마블라이벌스〉와 최근 〈케이팝 데몬 헌터스〉 등의 글로벌 성공은 시작에 불과하다. 그러나 〈케이팝 데몬 헌터스〉가 소니픽처스의 투자와 넷플릭스의 유통으로 성공했듯이, K-컬처의 IP는 활용되지만, 데이터와 수익은 해외로 유출되는 구조적 모순이 여전히 존재한다. 진정한 과제는 이제부터다.

7 Star 프로젝트를 통해 우리가 제시한 청사진은 단순한 정책 제안이 아니다. 20년 이상의 실무형 정책 전문가로서 문화정책 현장에서 목격한 성공과 실패의 교훈, 그리고 AI 시대가 가져올 새로운 가능성을 융합한 실행 가능한 로드맵이다. K-문화 디지털 자산화

부터 K-문화 AI 크리에이터까지, 7개의 별이 그려낸 미래는 기술과 문화, 전통과 혁신이 조화를 이루는 K-컬처의 내일이다.

이 책에서 진단한 11개 분야의 구조적 문제들은 여전히 현재진 행형이다. 부처 간 칸막이, 해외 플랫폼 종속, 데이터 주권 상실, 창작자 권익 미보호, 지역 불균형 등의 과제가 산적해 있다. 그러나 문제를 정확히 인식했다는 것 자체가 해결의 첫걸음이다. 7 Star 전략은 이러한 문제들에 대한 통합적이고 체계적인 해법이며, 3 장에서 제시한 실행 플랜은 이를 현실로 만들기 위한 구체적 방법론이다.

향후 5년, 우리가 집중해야 할 도전 과제는 명확하다. 첫째, K-컬처전략위원회 설치를 통한 통합 거버넌스 구축. 둘째, 1조 원 규모의 K-컬처펀드 조성을 통한 재원 확보. 셋째, 전국 5개 권역(수도권·충청권·호남권·영남권·강원제주권) 시범사업을 통한 단계적 확산. 넷째, 규제샌드박스를 통한 즉각적 혁신 환경 조성. 다섯째, K-문화 테마파크와 디지털 무역관을 통한 글로벌 플랫폼 구축이다.

이 모든 과제는 정부만의 몫이 아니다. 산업계는 기술과 콘텐츠의 융합을 선도하고, 교육계는 미래 인재 양성에 앞장서며, 시민사회는 문화 향유와 창작의 주체로 참여해야 한다. K-컬처의 미래는 우리 모두가 함께 만들어가는 것이다.

——————————✳ ## 비전 선언문:
다음 세대를 위한 문화유산

우리는 다음과 같은 원칙을 선언한다.

창작자 중심의 생태계

K-컬처의 핵심은 사람이다. 아티스트와 창작자가 정당한 보상을 받고 지속 가능한 창작 활동을 할 수 있는 환경을 만들어야 한다. AI와 기술은 창작자를 대체하는 것이 아니라 최강의 비서로서 창작 활동을 지원하는 도구가 되어야 한다. 초등학교부터 시작되는 저작권 교육, 공정한 수익 배분 시스템, 창작자 복지 제도가 뿌리내려야 한다.

데이터 기반의 산업화

K-컬처의 성공이 데이터와 수익의 해외 유출로 이어지는 악순환을 끊어야 한다. 블록체인과 NFT를 활용한 디지털 자산화, 스마트 계약 기반 자동 로열티 배분, K-컬처 전용 스테이블 코인 도입을 통해 데이터 주권을 확립하고 지속 가능한 수익 모델을 구축해야한다. 우리가 만든 콘텐츠로 발생한 데이터를 역수입하는 모순을 더는 반복해서는 안 된다.

세계와의 공존과 연대

K-컬처는 한국만의 전유물이 아니다. 전 세계인과 함께 향유하고 발전시켜 나가야 할 인류 공동의 문화유산이다. K-문화 국제학

교를 통한 글로벌 인재 양성, 각국 문화와의 융합과 협업, 문화 다양성 존중이 K-컬처 세계화의 토대가 되어야 한다. 디즈니랜드와 유니버설 스튜디오를 벤치마크하되, 우리만의 철학과 정체성을 담은 K-문화 테마파크가 새로운 글로벌 표준이 되도록 해야 한다.

세대 간 연대와 계승

전통문화의 현대적 재해석, 순수예술과 대중문화의 균형발전, 지역 문화의 특화와 육성을 통해 과거와 현재, 미래를 잇는 문화적 연속성을 확보해야 한다. 장인정신이 디지털 데이터로 보존되고, 전통이 혁신의 원천이 되는 선순환 구조를 만들어야 한다.

이러한 원칙은 단순한 선언이 아니라 실천의 약속이다. 20세기형 행정 체계를 벗어나 민첩하고 통합적인 거버넌스를 구축하고, 단기 성과주의를 넘어 10년, 20년을 내다보는 장기 비전을 실현해야 한다.

✳ 함께 만드는 K-컬처의 미래

이제 공은 독자 여러분에게 넘어갔습니다.

정책 입안자와 공무원들께. 11개 분야 진단표를 참고하여 여러분이 담당하는 영역의 병목 현상을 찾아내고 개선해주기 바랍니다. 부처 간 칸막이를 허물고, 현장의 목소리에 귀 기울이며, 장기적 안목으로 정책을 설계해주기를 당부합니다. 규제샌드박스 30개

항목부터 즉시 실행에 옮겨 주기를 요청합니다.

산업 종사자와 기업인들께. 7 Star 프로젝트에서 제시한 사업 기회를 적극 검토해보기 바랍니다. K-문화 디지털 자산화, 문화기술 스케일업, AI 크리에이터 등 새로운 비즈니스 모델이 여러분을 기다리고 있습니다. 단순 하청이 아닌 IP 보유자로, 플랫폼 종속이 아닌 독립적 사업자로 성장할 기회를 잡기 바랍니다.

창작자와 아티스트들께. 여러분이 K-컬처의 주인공입니다. 저작권 교육을 받고, 정당한 권리를 주장하며, AI를 창작의 도구로 활용하는 새로운 시대의 창작자가 되기를 바랍니다. 지역에서 활동하든 수도권에서 활동하든, 여러분의 창작 활동이 존중받고 보상받는 생태계를 함께 만들어가야 합니다.

교육자와 연구자들께. K-컬처의 지속 가능성은 인재 양성에 달려 있습니다. 프로젝트 기반 실무 교육, 현장 멘토링, 융복합 커리큘럼 개발에 앞장서 주기 바랍니다. 각 대학이 특화된 K-컬처 전문 인재 양성의 요람이 되도록 힘써주기를 당부합니다.

일반 시민들께. K-컬처는 여러분의 일상이자 자부심입니다. 문화 바우처를 활용하여 다양한 문화를 향유하고, 지역 축제와 행사에 참여하며, K-컬처의 가치를 세계에 알리는 민간 외교관이 되어주기 바랍니다. 여러분의 관심과 사랑이 K-컬처 발전의 원동력입니다.

실천을 위한 구체적 채널도 준비되어 있다. 문화체육관광부와 한국콘텐츠진흥원의 지원사업, 각 지역 문화재단과 콘텐츠진흥원의 프로그램, 창조경제혁신센터의 창업 지원 등을 적극 활용하기 바란다. K-컬처전략위원회가 설치되면 시민 참여 플랫폼을 통해 여러분의 목소리를 직접 전달할 수 있을 것이다.

우리가 꿈꾸는 K-컬처의 미래는 거창한 것이 아니다. 창작자가 행복하게 창작하고, 기업이 공정하게 경쟁하며, 시민이 풍요롭게 향유하는 문화 생태계. 전통이 혁신의 뿌리가 되고, 지역이 세계로 뻗어 나가며, 기술이 창의성을 꽃피우는 융합의 장. 그것이 우리가 다음 세대에게 물려주고자 하는 K-컬처의 모습이다.

K-컬처의 성공은 기적이 아니라 오랜 시간 축적된 문화적 역량과 창작자들의 열정이 만들어낸 필연적 결과다. 이제 그 성공을 지속 가능한 산업으로, 세계와 공유하는 문화유산으로, 다음 세대를 위한 미래 자산으로 만들어가야 할 때다. 7 Star 프로젝트는 그 여정의 나침반이 될 것이다.

성공의 역설을 넘어 지속 가능한 미래로. 해외 플랫폼 종속을 벗어나 독립적 생태계로. 일부의 성공을 넘어 모두의 번영으로. 이것이 우리가 함께 만들어갈 K-컬처의 내일이다.

마지막으로 이 책을 읽어주신 모든 분께 감사의 인사를 전한다. 여러분 한 분 한 분이 K-컬처의 주역이며, 우리가 제시한 7 Star는 여러분과 함께 빛날 때 비로소 완성된다. 지금 이 순간부터 시작이다. 함께 만들어가자, K-컬처의 찬란한 미래를.

((미주))

1 한국콘텐츠진흥원. (2023). 2023 콘텐츠산업 통계조사. 한국콘텐츠진흥원.

2 문화체육관광부. (2025). 2025년도 문화체육관광부 예산 및 기금운용계획. 문화체육관광부.

3 Netflix. (2024). Netflix Investment in Korean Content 2024-2028. Netflix.

4 Bloomberg. (2023). Squid Game Economics: Who Really Won?. Bloomberg.

5 한국음악콘텐츠산업협회. (2024). 2024 음원 플랫폼 시장 점유율 보고서. 한국음악콘텐츠산업협회.

6 Centre National du Cinéma et de l'Image Animée. (2024). CNC Annual Report 2024. Centre National du Cinéma et de l'Image Animée.

7 한국콘텐츠진흥원. (2025). 2025년 한국콘텐츠진흥원 예산운용계획. 한국콘텐츠진흥원.

8 한국표준협회. (2024). K-컬처 국제표준화 현황 및 추진전략. 한국표준협회.

9 국회입법조사처. (2024). OTT 플랫폼 규제 및 국내 콘텐츠산업 보호 방안. 국회입법조사처.

10 한국산업기술평가원. (2008). 산업 분야별 TRL 평가지표 개발 및 적용에 관한 연구. 한국산업기술평가원.

11 한국콘텐츠진흥원. (2024). 2024 문화기술 R&D 성과발표회 자료집. 한국콘텐츠진흥원.

12 국무조정실. (2019). 규제샌드박스 운영지침. 국무조정실.

13 이글루코퍼레이션. (2024). 혁신금융 규제샌드박스. Security & Intelligence.

14 과학기술정보통신부. (2024). 규제샌드박스 실증 특례 사업화 현황 분석. 과학기술정보통신부.

15 한국콘텐츠진흥원. (2023). 문화기술 테스트베드 운영 현황 분석. 한국콘텐츠진흥원.

16 BigHit Entertainment. (2020). BTS Official Career Timeline. https://ibighit.com

17 한국콘텐츠진흥원. (2024). 콘텐츠 창의인재 동반사업 운영지침. 한국콘텐츠진흥원.

18 Billboard. (2020). BTS Makes History With First Hot 100 No. 1 for 'Dynamite'.

19 Bong, J. (2019). Parasite Film. CJ Entertainment.

20 문화체육관광부. (2025). 2025 문화예술교육 시행계획. 문화체육관광부.

21 한국문화예술교육진흥원. (2024). 생애주기별 문화예술교육 지원사업 결과보고서. 한국문화예술교육진흥원.

22 문화체육관광부. (2024). 2022년 기준 콘텐츠산업조사(2023년 실시) 결과 발표. 문화체육관광부 보도자료.

23 인베스트코리아. (2024). 한국 콘텐츠 시장 규모 및 전망. 대한무역투자진흥공사.

24 인베스트코리아. (2023). 콘텐츠산업 정부 정책 지원 현황. 대한무역투자진흥공사.

25 창업진흥원. (2025). 창조경제혁신센터 데이터 현황. 중소벤처기업진흥공단.

26 중소벤처기업부 정책브리핑. (2024). 창조경제혁신센터 발전 로드맵. 중소벤처기업부.

27 Billboard. (2021). BTS 〈Butter〉 Chart Performance. Billboard Official Charts.

28 문화체육관광부. (2024). 2024년 문화체육관광 분야 공공데이터 개선 목록. 문화체육관광부.

29 문화재청 공식 보도자료. (2020). 국가무형문화재 제91호 제와장 보유자 김창대 별세. 문화재청.

30 대전광역시·충청북도. (2024). 문화기술 및 디지털 아카이브 구축 현황. 지역 문화산업 보고서. 대전광역시·충청북도.

31 한국문화정보원. (2024). 문화 디지털혁신 기본계획 2025. 한국문화정보원.

32 Netflix Internal Data. (2023). All of Us Are Dead Global Fan Engagement Report. Netflix.

33 KPMG 한국. (2024). 창작 영역에 뛰어든 생성형 AI 투자 현황과 활용 전망. Issue Monitor 제163호.

34 한국지능정보사회진흥원. (2024). 국내 초거대 AI 개발 현황 보고서. NIA.

35 Netflix. (2025). K-Pop Demon Hunters Viewing Performance. Netflix Internal Data; 중앙이코노미뉴스. (2025. 07. 31). 케이팝 애니메이션 '데몬 헌터스', 넷플릭스 오리지널 콘텐츠 시청 시간 1위 기록.

36 경상남도 웹툰산업진흥센터. (2024). AI 기술 활용 웹툰 제작 사례 연구. 경남콘텐츠진흥원.

37 한국문화정보원. (2024). 문화 디지털혁신 기본계획 2025. 한국문화정보원.

38 개인정보보호위원회. (2024). 개인정보보호 기본계획(2024-2026). 개인정보보호위원회.

39 강원특별자치도·세종특별자치시. (2024). 문화기술 융합교육 운영 현황(지역 교육백서). 강원특별자치도·세종특별자치시.

40 문화체육관광부. (2024). 2024 국민문화예술활동조사(보도자료). 문화체육관광부.

41 문화체육관광부. (2024). 2024 국민문화예술활동조사: 분야별 문화예술행사 관람률(조사보고서). 문화체육관광부.

42 한국문화예술위원회. (2025). 통합문화이용권(문화누리카드) 사업 안내(사업 안내자료). 한국문화예술위원회.

43 한국예술인복지재단. (2025). 예술인복지사업 현황(정책자료). 한국예술인복지재단.

44 한국국제문화교류진흥원. (2024). 국악 크로스오버 음악의 변화와 성장 배경. KOFICE 웹진. 한국국제문화교류진흥원.

45 한국국제문화교류진흥원. (2024). 2024 해외 한류 실태조사. 한국국제문화교류진흥원.

46 한국콘텐츠진흥원. (2024). 2024 콘텐츠 IP 거래 현황조사. 한국콘텐츠진흥원.

47 KDI 한국개발연구원. (2024). K-콘텐츠의 비상: 산업 특성과 성장 요인 분석. KDI FOCUS. KDI 한국개발연구원.

48 네이버웹툰. (2024). 외모지상주의 작품 정보 및 통계. https://comic.naver.com/

webtoon/list?titleId=641253

49 카카오페이지. (2024). 나 혼자만 레벨업 작품 정보. https://page.kakao.com/
    content/50866481

50 문화체육관광부·한국콘텐츠진흥원. (2022). 2021년 콘텐츠산업 통계조사. 문화체육
    관광부·한국콘텐츠진흥원.

51 문화체육관광부·한국콘텐츠진흥원. (2022). 2021년 콘텐츠산업 통계조사. 문화체육
    관광부·한국콘텐츠진흥원.

52 KDI 한국개발연구원. (2024). K-콘텐츠의 비상: 산업 특성과 성장 요인 분석. KDI
    FOCUS. KDI 한국개발연구원.

53 KDI 한국개발연구원. (2024). K-콘텐츠의 비상: 산업 특성과 성장 요인 분석. KDI
    FOCUS. KDI 한국개발연구원.

54 KDI 한국개발연구원. (2024). K-콘텐츠의 비상: 산업 특성과 성장 요인 분석. KDI
    FOCUS. KDI 한국개발연구원.

55 한국관광공사. (2024). 2024년 외래관광객 통계. 한국관광공사.

56 한국관광공사. (2024). 2023년 4분기 외래관광객 실태조사. 한국관광공사.

57 한국관광공사. (2023). 한류 성지순례 관광지 선정 및 운영 현황. 한국관광공사.

58 포항시 관광진흥과. (2023). 갯마을 차차차 촬영지 관광 활성화 사례. 포항시청.

59 김광용·홍성우. (2021). 문화예술 기반시설의 지역 간 격차 분석: 경기도를 중심으로.
    한국정책연구, 21(2).

60 부산상공회의소. (2024). 매출 기준 1000대 기업의 지역 분포 분석. 서울신문(2024.
    10. 28.).

61 문화체육관광부. (2020). 제2차 지역 문화진흥기본계획(2020-2024). 문화체육
    관광부.

62 통계청. (2024). 인구총조사. 통계청.

63 문화체육관광부. (2023). 전국 지역축제 현황조사. 문화체육관광부.

64 중소벤처기업부·소상공인시장진흥공단. (2024). 로컬크리에이터 육성사업 성과보고
    서. 중소벤처기업부·소상공인시장진흥공단.

65 한국콘텐츠진흥원. (2024). 지역 콘텐츠 인프라 현황조사. 한국콘텐츠진흥원.

66 문화체육관광부. (2023). 대한민국 문화도시 13곳 조성계획 승인(보도자
    료-2023.12.29.). 문화체육관광부.

67 한국콘텐츠진흥원. (2024). IP 라이선싱 지원사업 안내. 한국콘텐츠진흥원.

68 한국저작권보호원. (2024). 2024년 저작권 보호 연차보고서. 한국저작권보호원.

69 한국음악저작권협회. (2024). 음악 저작권 등록 현황 보고서. 한국음악저작권협회.

70 넷플릭스. (2023). 킹덤 시리즈 글로벌 성과 보고서. 넷플릭스.

71 한국저작권위원회. (2024). 2024 K-콘텐츠 해외 저작권등록·출원 지원 대상기업 모
    집 공고. 한국저작권위원회.

72 The New York Times. (2023). The Times Sues OpenAI and Microsoft Over A.I. Use
    of Copyrighted Work. The New York Times.

73 뮤직카우. (2024). 음악 저작권 투자 플랫폼 운영 현황. 뮤직카우.

74 한국저작권위원회. (2024). 생성형 AI와 저작권 가이드라인. 한국저작권위원회.

75 문화체육관광부. (2024). 문화콘텐츠 표준계약서 활용 실태조사. 문화체육관광부.

76 한국음악저작권협회. (2024). 해외 저작권 관리 및 징수 현황 보고서. 한국음악저작
권협회.

77 문화체육관광부. (2025). 2025년 문화체육관광부 수요정책 추진계획. 문화체육
관광부.

78 문화체육관광부. (2020). 문화복지정책 중장기 발전방향 연구: 통합문화이용권 사업
을 중심으로. 문화체육관광부.

79 한국장애인문화예술원. (2024). 2024년 장애예술 활성화 지원사업 안내. 한국장애인
문화예술원.

80 한국문화관광연구원. (2023). 차별과 소외 없는 문화복지 통합문화이용권의 내일을
꿈꾸다. 한국문화관광연구원.

81 문화예술진흥법 제5조(국가와 지방자치단체의 책무). (2025). 개정 2025. 1. 31.

82 국무조정실. (2024). 규제샌드박스 시행 5년 성과 분석. 국무조정실.

83 Box Office Mojo. (2020). Parasite(2019). Box Office. Retrieved from https://www.
boxofficemojo.com/title/tt6751668/

84 Miller, G. A. (1956). The magical number seven, plus or minus two: Some limits on
our capacity for processing information. Psychological Review, 63(2), 81-97.

85 Spotify. (2024). Loud & Clear: 2024 Report on Music Streaming Economics.
Retrieved from https://loudandclear.byspotify.com

86 Comcast Corporation. (2024). Annual Report 2023: NBCUniversal Theme Parks
Revenue. Burbank, CA: Comcast.

87 문화체육관광부. (2025). 2025년 세종학당 9개국, 11개소 신규 지정. 문화체육
관광부.

88 한국콘텐츠진흥원. (2024). 2023 콘텐츠산업 수출입 통계. 한국콘텐츠진흥원.

89 Spotify Newsroom. (2025. 1. 28.). On Our $10 Billion Milestone and a Decade of
Getting the World to Value Music. Spotify.

90 SoundCamps. (2025. 07.). Spotify Royalties Calculator: Most Accurate.
SoundCamps.

91 김원오. (2020). 블록체인 기술과 저작권 제도 간의 접점. 산업재산권, 제63호,
pp. 45-86.

92 더벨. (2022. 02. 24.). SM, 글로벌 블록체인 기업과 협업…해외팬 정조준: SM브랜
드마케팅은 2022년 2월 바이낸스와 블록체인 및 NFT 구축 관련 업무협약을 체결했
다. 더벨.

93 과학기술정보통신부·한국인터넷진흥원. (2024). 2024년 블록체인 민간분야 집중·확
산사업. 과학기술정보통신부·한국인터넷진흥원.

94 Themed Entertainment Association & AECOM. (2024). Theme Index and Museum
Index 2023.

95 Fortune Korea. (2023. 9. 21.). 디즈니, 600억 달러 '테마파크' 투자 계획 발표.

96 한국경제. (2024. 4. 21.). 코로나 극복한 테마파크 올해도 최대 실적. 한국경제.

97 한국관광공사. (2024). 2024년 외래관광객 동향 분석. 한국관광공사.

98 한국관광공사. (2023). 글로벌 소셜 데이터를 활용한 인기 K-컬처 테마와 한국여행 간 관계. 한국관광공사.

99 한국관광공사. (2023). 외국인 관광객 방한 동기 조사. 한국관광공사.

100 Nikkei Asia. (2024). Universal Studios Japan visitor numbers reach record high.

101 Comcast Corporation. (2023). 2022 Annual Report: Theme Parks Division.

102 매일경제. (2017.11.2.). 유니버셜스튜디오 코리아, 10년 끝에 무산.

103 문화체육관광부. (2025). 문화기술 R&D 예산 1515억 원, 역대 최대 규모 편성. 이투데이(2025.01.08.).

104 한국산업기술평가원. (2008). 산업분야별 TRL 평가지표 개발 및 적용에 관한 연구. 한국산업기술평가원.

105 넷플릭스. (2024). 2024 글로벌 콘텐츠 리포트. 넷플릭스.

106 문화체육관광부 보도자료. (2025). 전 세계 87개국 252개소 세종학당, 2025년 11개소 신규 지정. 문화체육관광부.

107 Goethe-Institut. (2024). Annual Report 2024. (참고: 알리앙스 프랑세즈는 132개국 830여 개 네트워크 운영, 괴테 인스티튜트는 98개국 159개소 운영)

108 문화체육관광부. (2024). 2024년 2분기 콘텐츠산업 동향분석 보고서. 한국콘텐츠진흥원.

109 Stanford University. (2022). Silicon Valley Innovation Ecosystem: A Historical Perspective. Stanford Research Institute.

110 문화체육관광부. (2023). 2024년 콘텐츠 분야 정부 예산안. 문화체육관광부.

111 Sheffield City Council. (2021). Sheffield Cultural Industries Quarter: 30 Years of Regeneration.

112 City of Melbourne. (2023). Melbourne's Literary and Publishing Industry Impact Report.

113 한국콘텐츠진흥원. (2023). 문화기술(CT) R&D 현황 및 사업화 분석 보고서. 한국콘텐츠진흥원.

114 KOTRA. (2024). 한국 콘텐츠산업 투자 유치 현황. KOTRA.

115 부산광역시. (2024). 부산 영상콘텐츠 특화산업 육성계획. 부산광역시.

116 Deloitte. (2023). Digital Transformation in Creative Industries: Global Trends Report.

117 OECD. (2022). Culture and Local Development: Measuring Social Value Creation.

118 한국콘텐츠진흥원. (2024). 문화상품으로 살펴본 한국 콘텐츠 국제경쟁력. 콘텐츠산업동향브리프. 한국콘텐츠진흥원.

119 문화체육관광부·한국콘텐츠진흥원. (2024). 2023년 기준 콘텐츠산업조사. 문화체육관광부·한국콘텐츠진흥원.

120 삼일PwC경영연구원. (2024). K-콘텐츠에서 G-콘텐츠(Global-Contents)로. 삼일PwC경영연구원.

121 한국콘텐츠진흥원. (2025). 콘텐츠수출마케팅플랫폼 사업 안내. 한국콘텐츠진흥원.

122 TV Asahi. (2022). Roppongi Class Official Website.

123 Netflix. (2023). The Glory Format Rights Negotiations Press Release.

124 Billboard. (2023). Seventeen's 'Be The Sun' North America Tour Report.

125 Crunchyroll. (2024). Solo Leveling Multi-Platform Expansion Case Study.

126 문화체육관광부. (2025). 재외 한국문화원 현황. 문화체육관광부.

127 한국개발연구원. (2024). K-콘텐츠의 비상(飛上): 산업 특성과 성장 요인 분석. KDI
FOCUS.

128 KPMG 한국. (2024). 창작 영역에 뛰어든 생성형 AI 투자 현황과 활용 전망. Issue
Monitor, 163.

129 한국콘텐츠진흥원. (2025). 2025년 인공지능 콘텐츠 제작 지원사업 공고. 한국콘텐
츠진흥원.

130 문화체육관광부·한국저작권위원회. (2025). 생성형 인공지능 활용 저작물의 저작권
등록 안내서. 문화체육관광부·한국저작권위원회.

131 한국음악저작권협회. (2025). AI 음악 저작권 등록 정책 변경 안내. 한국음악저작
권협회.

132 과학기술정보통신부. (2025). 2025년도 AI바우처 지원사업 공고. 과학기술정보
통신부.

133 넷플릭스. (2025). 〈케이팝 데몬 헌터스〉 공식 집계(91일 기준); 한국일보.
(2025.9.17.). 넷플릭스 〈케이팝 데몬 헌터스〉, 3억 뷰 돌파로 역대 최고 시청 영
화 등극.

134 KPMG. (2024). 창작 영역에 뛰어든 생성형 AI 투자 현황과 활용 전망. Issue
Monitor 제163호.

135 문화체육관광부. (2025). K-컬처 글로벌 산업화 종합계획. 문화체육관광부.

136 한국관광공사. (2024). 2024년 외래관광객 실태조사. 한국관광공사.

137 문화체육관광부·한국국제문화교류진흥원. (2024). 2024 한류백서. 문화체육관광부·
한국국제문화교류진흥원.

138 국무조정실. (2025). 총리실 직속 위원회 운영 규정. 국무총리 훈령 제775호.

139 문화체육관광부. (2025). K-컬처 글로벌 산업화 종합계획. 문화체육관광부.

140 한국콘텐츠진흥원. (2024). 지역 콘텐츠산업 실태조사. 한국콘텐츠진흥원.

141 문화체육관광부. (2024). K-컬처 혁신 전략 2024. 문화체육관광부.

142 한국콘텐츠진흥원. (2024). 2024년 문화체육관광 R&D 성과조사분석 및 사업평가
대응 결과보고서. 한국콘텐츠진흥원.

143 김영진. (2024). 문화산업 클러스터 성공 요인 분석. 문화경제연구, 27(2).

144 강원도관광재단. (2024). 평창 올림픽 레거시 활용 현황. 강원도관광재단.

145 한국문화관광연구원. (2024). K-컬처 경제적 파급효과 분석. KCTI 정책리포트,
2024-03호.

146 한국관광공사. (2024). 체육관광 활성화 사례 연구. 한국관광공사.

147 한국콘텐츠진흥원. (2023). 콘텐츠 제작 주기 및 예산 집행 실태조사. 한국콘텐츠
진흥원.

148 문화체육관광부·한국저작권위원회. (2023). 생성형 AI 저작권 안내서. 문화체육관광
부·한국저작권위원회.

149 국무조정실. (2024). 규제샌드박스 운영 현황 및 성과. 국무조정실.

150 문화체육관광부·한국저작권위원회. (2025). 생성형 AI 활용 저작물의 저작권 등록 안내서. 문화체육관광부·한국저작권위원회.

151 문화체육관광부 보도자료. (2024). 2024년 콘텐츠 분야 정부 예산안 1조 125억 원 편성. 문화체육관광부.

152 한국벤처투자. (2024). 모태펀드 운용 현황 및 벤처투자 동향. 한국벤처투자.

153 한국콘텐츠진흥원. (2024). 2024 콘텐츠산업 동향 분석 보고서. 한국콘텐츠진흥원.

154 김현희. (2019). 프랑스 영화기금정책 연구: CNC 제작 지원사업을 중심으로. 한국융합학회논문지, 10(9), 133-140.

155 와디즈 보도자료. (2024). 크라우드펀딩 누적 거래액 1조 2천억 원 돌파. 와디즈.

156 문화체육관광부. (2024). 2025년도 문화체육관광부 예산안 및 기금운용계획. 문화체육관광부.

157 국무조정실. (2025). 정부업무평가 운영지침. 국무조정실.

158 최준식. (2020). 만연한 위원회 만능주의… '문화 거버넌스'는 어디로 가야 하나. 라이센스뉴스(2020.09.24.).

159 한국콘텐츠진흥원. (2024). 콘텐츠산업 통합 지원체계 구축방안. 한국콘텐츠진흥원.

160 대통령직속 국정기획위원회. (2025). 국정운영 5개년 계획(안). 대통령직속 국정기획위원회.

161 Smart Nation Singapore. (2024). Smart Nation Initiative.

162 한국콘텐츠진흥원. (2024). 2024 콘텐츠산업 동향 분석 보고서. 한국콘텐츠진흥원.

163 한국콘텐츠진흥원. (2024). 콘텐츠 가치평가 시스템. 한국콘텐츠진흥원.

새로운 K가 온다
K-컬처 글로벌 산업화를 위한 7 Star 프로젝트

1판 1쇄 인쇄 2025년 12월 2일
1판 1쇄 발행 2025년 12월 15일

지은이 최용석·황성진

펴낸이 최준석
펴낸곳 푸른나무출판 (주)
주소 경기도 고양시 일산서구 강선로 49, 404호
전화 031-927-9279 팩스 02-2179-8103
출판신고번호 제2019-000060호 신고일자 2019년 4월 15일

ISBN 979-11-92853-09-3 03320